看完就用的思维导图

如何让学习和工作更简单？

刘艳/著

中信出版集团 | 北京

目　录

推荐序一

大家好，我是思维导图的发明人东尼·博赞。作为刘艳的老师，很高兴看到刘艳的新书出版。

刘艳是 2016 年第八届世界思维导图锦标赛的全球总冠军，并且作为 2017 年的中国队总教练，她也培养出了新晋的世界思维导图冠军和季军。2017 年，她的第一本关于思维导图的作品《你一学就会的思维导图》在中国成功出版，并获得了无数业内人士和读者的强烈推荐，给了想学习思维导图的人很多帮助。时隔一年半，她的最新图书作品《看完就用的思维导图》终于正式完成。我和大家一样，对这本书满怀期待。

从《你一学就会的思维导图》到《看完就用的思维导图》，越来越多的人开始接触和学习思维导图，用思维导图来帮助他们提高自己的工作和学习效率。如果你想在思维导图实践方面得到有效指导，我相信，这两本书一定会给你提供很大的帮助。

2017 年 12 月，我参加了在中国广州举办的世界思维导图锦标赛。工作之余，我和刘艳也进行了针对思维导图教学与实践的探讨，刘艳想在思维导图应用方面进行深入挖掘，给予各行从业者更多有效的帮助。我很高兴看到中国有很多人喜欢思维导图，并且把思维导图应用到自己的工作、学习当中。中国有句古话：“工欲善其事，必先利其器。”很显然，思维导图是一个有效的工具，但如何利用它来带给我们更大的帮助，实实在在地把它应用到工作当中呢？在这本书中你会找到答案。这本书从高效笔记、问题解决、创意思考、教学设计等诸多应用领域出发，采用了大量案例进行讲解，让大家看到了思维导图在日常工作、学习、生活中的魅力。

作为思维导图的发明人，我非常欣慰地看到刘艳这么多年对思维导图的坚持，也感谢她在思维导图应用推广上的努力。希望这本书可以更好地给予更多人帮助，让大家在工作、学习当中，运用思维导图，使学习变得更加轻松，使工作变得更加高效。

刘艳曾多次陪伴我在中国讲授讲师课程和弟子班课程，我可以确定地说，刘艳是世界上最好的思维导图绘制者之一，也是在心理素养与思维导图教学中最勤奋、有智慧且富有创造力的老师之一，更是推动思维导图在中国发展、成熟的优秀作者。她的每一本书我都会看，也愿意向大家推荐。

同时，刘艳女士作为世界思维导图锦标赛的冠军，曾为数万乃至数十万人的思维导图训练提供指导。在此，我强烈推荐刘艳女士担任你的资深导师。这是一个极其难得的机会，我希望你能成为这位前世界思维导图冠军和集多项技能于一身的资深导师的毕业生。

东尼·博赞

2018 年 12 月

推荐序二

笨蛋！重点是思维，不是手绘！

我看过很多人画的思维导图，我感觉并不是很好。

因为我发现很多人的思维导图更多体现的是手绘技巧，更多体现的是如何把一些概念形象化、视觉化。这当然是思维导图里很重要的部分，也是思维导图可以调动形象化、视觉化手段帮助我们提升记忆力的方法。但是我认为大部分人画的思维导图最大的问题是有导图，没思维。

绘制思维导图不能是简单依据个人经验把信息做发散式联想，或者简单按某个逻辑做一个树状分类。当然，这样画出来的思维导图比没有梳理的好。但如果我们对信息的梳理缺乏高质量的思维框架，画出来的思维导图的质量也并不会很高。

所以很多人画的思维导图用的是个人解决问题的经验，而不是通用的思维框架。这样的思维导图看起来很漂亮，但是除了当时画出来让人“WOW”一下，似乎也没有人当真要把这些漂亮的思维导图拿去研究和反复学习。

倒是一些几乎没有视觉化手段、纯分类提纲式的“硬核”思维导图在网上很受欢迎，因为大家觉得这些导图很好地将某个领域的信息结构化了。

我看过很多人写的关于思维导图的书，我感觉也不是很好。

因为我发现很多人写的关于思维导图的书，更多是讲思维导图概念，讲操作，讲如何一步步画出导图。这当然很重要，也是入门的基础。但是针对不同的场景，我们有哪些思维框架可以和思维导图有效结合，变成帮助我们在纷乱局面里快速解决问题的钥匙，这些内容在这些书里的笔墨就太少。我甚至看到有些老师示范的导图很好看，但是分析问题的思维很简单，坦白说，其中没有什么解决问题的模型或框架。

这样教别人画思维导图，我觉得是本末倒置。作为一种提升思维的工具，思维导图的绘制不能脱离工作、生活、学习的具体场景。要先介绍在具体场景下好的解决问题的思维，然后把这种解决问题的思维结合思维导图的技法画出来，这样才能真正帮学员快速、有效地解决问题。

巴菲特的合伙人芒格是畅销书《穷查理宝典》的作者，他在这本书里提出了多元思维模型的概念。芒格说："大多数人都只使用学过的一个学科的思维模型，比如说经济学，试图用一种方法来解决所有问题。就像谚语说的：'在手里拿着铁锤的人看来，世界就像一颗钉子。'这是处理问题的一种笨方法。"所以我认为一个好的思维导图老师，首先也是一个优秀的具有多元思维模型的思考者。

只有你先成为一个合格的思考者，你才能游刃有余地帮助别人画出真正能解决问题的思维导图。

我很乐意推荐刘艳老师的新书，倒不仅仅因为刘艳老师是国内最早跟随思维导图的发明人东尼·博赞学习的人，也不仅仅因为她自己是世界思维导图锦标赛的冠军，也培养出了世界思维导图锦标赛的冠军，而是我很开心看到她的新书写作的出发点——围绕场景教你好的思维，然后用导图画出来。这才是思维导图应该发挥价值的地方。

我还注意到，刘艳老师的新书选择的场景很讲究。以学习场景为例，她选择讲解高效笔记整理术、做读书笔记、训练听记导图等内容，做这些事的场合不管是在校大学生还是职场人，都会频繁经历，这就具备了很强的通用性。这也说明刘艳老师在多年实战培训过程中，积累了丰富的共性场景案例，所以才能游刃有余地选择出每个人都会经历也会感谢能从中学到思考方式的场景。在本书最后一个部分，刘艳老师选择的案例是面向实战问题的解决，而不仅仅是某种思维模型的应用实践，这就让这本书有了更强的针对性。

最后，希望所有拿到这本书的读者能够学会使用思维导图，让自己解决问题的能力得到全面的提升。

“秋叶 PPT”、秋叶商学院创始人
秋叶

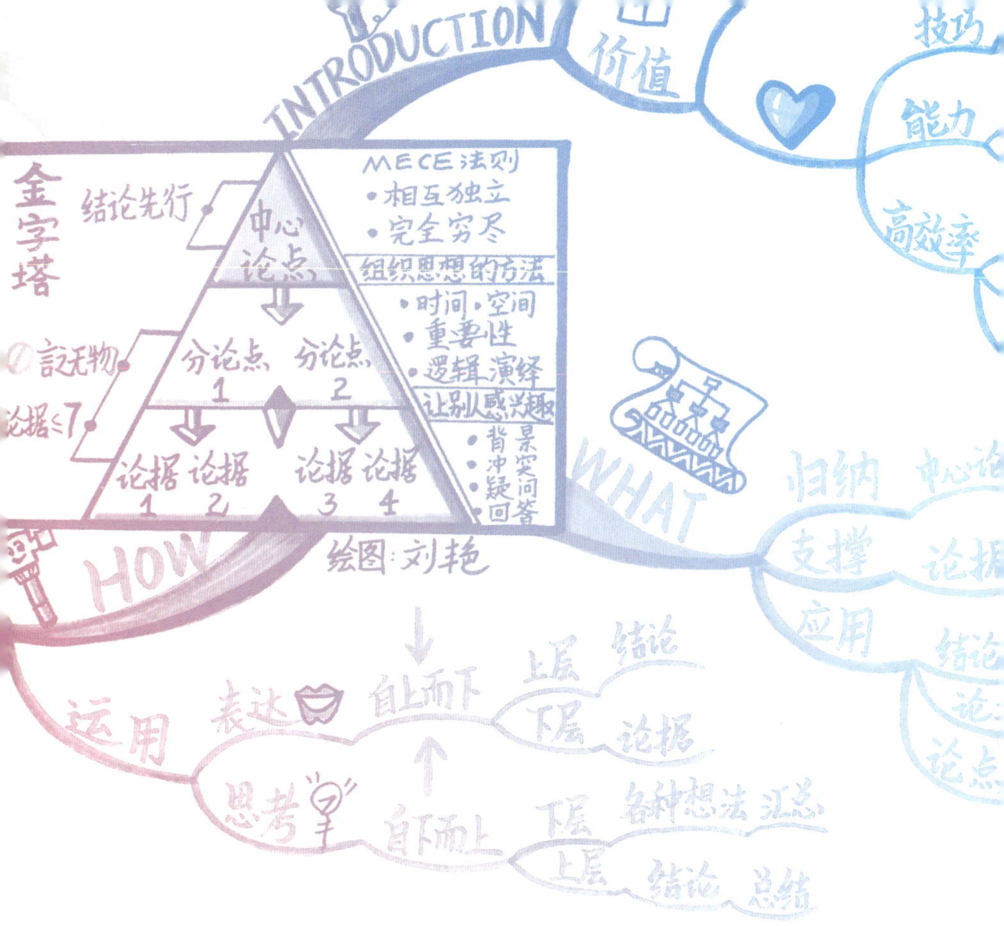

第一章

给所有人的使用说明

/// 将知识系统化 ///

思维导图是由“世界大脑先生”东尼·博赞教授于1968年发明、1974年开始被全球推广的终极思维工具。构建思维导图的思维是一种放射性思维，它体现了人类大脑的自然功能。它以图解的形式和网状的结构来存储、组织、优化和输出信息，被誉为“大脑的瑞士军刀”。

我们大多数人学习思维导图都有一个目标：把文字信息转化成可视化、结构化的图像信息，进行摄取，再通过思维的分析、综合、消化，把这些可视化的信息嵌入记忆中，内化成自己知识库存中的知识。

知识大致可以被分为两类：有些知识是显性的，你可以回想起来，并且可以有意识地运用和模仿；有些知识是隐性的，你未必能及时想到它们，但它们会潜移默化地改变你的价值观、思维方式和言谈举止。思维导图能够让我们的思维从隐性化变得显性化，从显性化变得结构化，最终使结构化思维变得形象化。

思维导图是一种高维度思考与图义并茂形式相结合的可视化笔记法，是一种显示大脑的存储能力、提升信息整合效率的图解思维器，是一种全面提升记忆力、创造力、逻辑能力的智能节点图。

思维导图有 3 个强大的功能。

建立联系　我们在接触一个新知识点时，思维导图总会提醒我们思考三个问题：是什么（What）、为什么（Why）、怎么做（How）。绘制思维导图的过程就是不断地寻求联系，建立节点和连接，并将这些知识点纳入自己的知识网络，建立新知与旧知的联系。

打开思路　思维导图动态的结构形式可以清晰地呈现我们思考的轨迹。思维导图中的线条可以不断地延展，你可以随时以关键词和关键图的形式在流动的线条上进行补充。

系统整合　思维导图最大的价值在于，它能把零散的存在于各种媒介中的信息整合起来，构建成有意义的知识体系，将这些孤立的、局部分散的知识点，连成线，构成面，组合成你的知识晶体。

/// 如何读懂思维导图？ ///

面对一张五颜六色的思维导图，有人会觉得它生动活泼、条理清晰，也有人会觉得它眼花缭乱，不知从哪里看起。这时候，掌握正确的阅读方法就十分重要。

图 1.1 是根据《金字塔原理》一书整理的读书笔记，下面我将以这幅思维导图为例进行阐述。这是一张标准的思维导图，它

包含三个重要的组成部分，分别是中心图、大纲主干、内容分支。

中心图　位于整幅思维导图的中央，展现的是整幅思维导图的主题，起到的是点明中心主题的作用。中心图大约占整个纸张的九分之一，是一幅彩色的图，并且图文并茂，是整幅思维导图中最明显、最大的图。

大纲主干　就是基本分类概念，对应的是一本书的章节标题，以帮助我们进行内容分类。它连接着中心图，并且由中心图向外呈放射状延伸，是由粗到细的双线条，就像牛角一样。

内容分支　用来承载关键词，并且引导我们的视线，呈现关键词之间的逻辑关系。内容分支连接在大纲主干之后，所有的线条均呈现为弯弯的、细细的单条弧线。

那么，如何快速看懂一幅思维导图呢？我们可以分为 6 步。

第一步　**了解主题意象**。阅读一幅完整且标准的思维导图，首先要从中心主题，也就是中心图开始。例如，图 1.1 的中心图是一个金字塔图形，主要表达的就是金字塔原理。

第二步　**明确整体架构**。在一幅逻辑清晰的思维导图中，大纲主干上的内容是最重要的，然后层层递进。因此，了解主题意象后，我们就要从阅读所有大纲主干上的信息开始。可以从整幅导图右上角的大纲主干着手，以顺时针方向依次阅读，明确整幅思维导图的整体架构。例如，图 1.1 的第一条大纲主干讲的是总的介绍；第二条大纲主干讲的是什么是金字塔原理；第三条大纲主干讲的是如何应用金字塔原理；第四条大纲主干讲的是怎样让别人对自己的观点感兴趣。依次读完之后，你就对这幅思维导图的框架有了基本的了解。

第三步 **掌握分类层次**。意思就是，分别阅读各条大纲主干之后的内容分支，尤其是二级分支。例如，“介绍”这条大纲主干，包含“作者”和“价值”两条分支。

第四步 **阅读内容细节**。掌握分类层次之后，接着就可以逐一阅读小类别了，也就是三级分支、四级分支和细节描述的部分。

我们可以先分别阅读一下文稿中思维导图的四条大纲主干。

第一条大纲主干：介绍。这条大纲主干是《金字塔原理》这本书的简介，分为两条分支。一条分支是介绍这本书的作者芭芭拉·明托，她在麦肯锡咨询公司担任咨询顾问，是麦肯锡的第一位女咨询顾问；另一条分支说明了这本书的价值——已经畅销 40 年。这本书的核心价值在于教给我们思考和表达的技巧，提升我们的逻辑思考能力和沟通能力，让我们的思考、表达及问题的解决更加高效。

第二条大纲主干：什么是金字塔原理。这部分分为三条分支，分别是“归纳”“支撑”“应用”。第一条分支讲的是金字塔原理就是能把任何一件事情归纳出一个中心论点。第二条分支讲的是在每个论点下面有 3~7 个论据来支撑。每一个论据又可以成为下一级的论点。如此往复，就形成了金字塔的结构。第三条分支讲的是这个金字塔原理在应用方面要注意三点：首先，要结论先行；其次，论据不能超过 7 条；最后，每一条论点要言之有物，清晰明确，不能讲空洞的内容。

第三条大纲主干：作者教给了我们组织思想的方法（即怎么做）。这个部分分为三条分支，分别是“顺序”“法则”“运用”。第一条分支是“顺序”，可以按照时间、结构、程度、演绎的顺序来组织我们的思想。第二条分支是“法则”，每一个支持论据都要严格按照 MECE（Mutually Exclusive Collectively Exhaustive）的法则，也就是相互独立、完全穷尽的原则来检查是否符合这个标准。第三条分支是“运用”，要遵循自上而下的表达，即上层是结论，下层是论据；还要遵循自下而上的思考，下层是各种想法的汇总，上层是结论。

第四条大纲主干：怎么样让别人对自己的观点感兴趣。这个部分重点讲述的是“故事”，就是用 SCQA——介绍背景（Situation）、指出冲突（Complication）、引发疑问（Question）、给出答案（Answer）的方法讲故事，以吸引大家对自己的方法感兴趣。

第五步　**强调关键插图。**标有重点插图的关键词代表的是重要信息。第一条大纲主干上的“介绍”（INTRODUCTION）用话筒表示，代表从整体上介绍金字塔原理的作者和价值；第二条大纲主干上“WHAT”用金字塔卷轴表示，代表深刻解读金字塔原理的核心内容；第三条大纲主干上“HOW”用锤子表示，代表要想应用好金字塔原理，就要掌握重要的方法，知道如何操作；第四条大纲主干上的“兴趣”（INTEREST）用带着笑脸的红心表示，代表他人对自己的观点感兴趣。

第六步　**重复重点内容**。阅读完整幅思维导图后，要再次回顾重要信息，重点复习，加深记忆。例如，第一条和第三条大纲主干中“思考”与“表达”的插图，标注插图的目的是提示重要信息。我们要在重点、易忘、抽象的地方添加小插图，以起到强化记忆的作用。

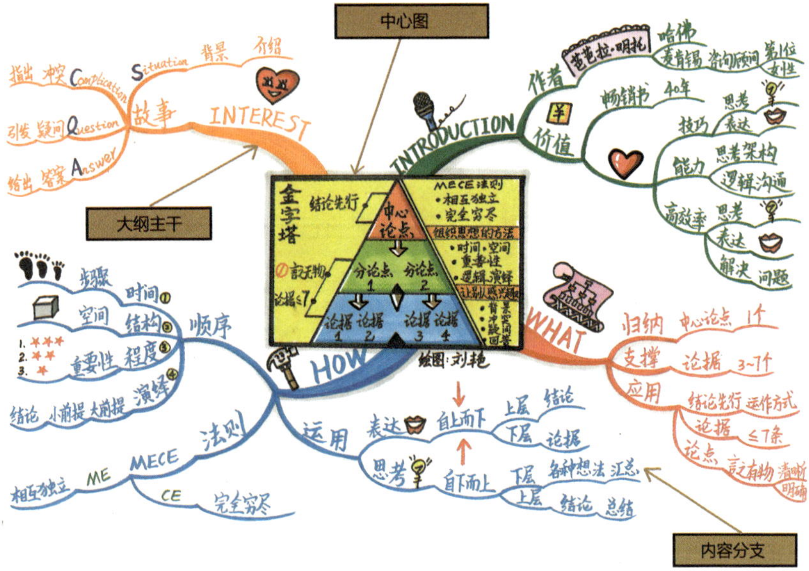

图 1.1 《金字塔原理》读书笔记

第二章

思维导图的底层逻辑

思维导图的结构是由水平思考法和垂直思考法交织而成的。

水平思考能帮我们打破惯性思维，提升我们的创意思考能力；而垂直思考则会让我们深度思考某一个细节，直至找到答案。水平思考好比是望远镜，它可以让我们看到更多的东西，从而有所选择；垂直思考好比是显微镜，它能让我们把某一个东西看得更加清楚，观其本质。

/// 水平思考和垂直思考 ///

水平思考就是大脑在思考问题的时候呈现的一种扩散状态的思维模式，即从一个目标或思维起点出发，沿着不同的方向，以不同的角度，提出各种设想，寻找各种途径。

思维导图的发明者博赞先生称，这种水平思考的方法像盛开的花朵一样，所以他称它为 Brain Bloom，意思是思维绽放、联想开花，拓宽思考的广度，即针对同一个中心主题，产生很多想法。

Brain Bloom 又称“并联式思考”，其结构属于并列关系，好比物理学中的并联电路。比如图 2.1 中，中心图手拿金钱代表的是中心主题“申请加薪”。由“申请加薪”展开联想，我们可以分别联想到“感恩”“发展规划”“可行性”“方案”“替代”5 条主干。

图 2.1 “申请加薪”主题的水平思考

垂直思考是按照一定的思维逻辑，向上或向下，以垂直式路径进行思考。其特性是思维的延展具有逻辑性、推演性、缜密性和科学性，又叫作逻辑思考或纵深性思考。这种思考模式所产生的想法通常会更具系统性、正确性及普遍性。

博赞先生认为这种垂直思考的方法非常像流动的泉水，所以称它为 Brain Flow，意思是联想接龙，又称思维飞扬、深度思考。联想接龙要一个接一个，每一个想法都是从前一个想法中联想出来的。

它是“串联式思考”，其结构属于递进关系，好比物理学中的串联电路。比如，我们可以从图 2.2 的中心图“申请加薪”想到“发展规划”，从“发展规划”想到“我”，从“我”想到“未来价值”，从“未来价值”想到“职业目标”，从“职业目标”想到“长期”。

图 2.2 “申请加薪”主题的垂直思考

/// 自由联想和逻辑联想 ///

无论是水平思考还是垂直思考，都可以运用自由联想与逻辑联想两种模式。

自由联想就是天马行空的想象，联想过程中没有特殊的要求、特定的目的，每一个想法都很自由、随性。自由联想可运用于创意思考、头脑风暴、产品设计等方面。逻辑联想带有一定的目的性，存在一定的逻辑关系。它适用于工作计划、会议记录、问题分析、新闻报道等方面。

图 2.3 和图 2.4 分别是以自由联想进行的水平思考和垂直思考。在图 2.3 中，所有的分支并无内在关联；在图 2.4 中，从金钱想到银行，再想想银行哪里最多，金融街。由金融街想到白领，而白领最注重服饰。每一个联想都是根据上一个想法所产生的，与再往上几级分支的想法几乎没有关联性。

图 2.3　水平思考的自由联想

图 2.4 垂直思考的自由联想

我们再来看看由逻辑联想产生的水平思考和垂直思考。图2.5的六大联想都是“以时间管理”为中心产生的不同视角的联想。图 2.6 以逻辑联想的方式产生了“目的”这个概念，接着从“目的”想到“高效”，从“高效”想到“升职”，“升职”后就会“加薪”，“加薪”后就能提高“生活品质”，这些方面也都是基于时间管理这个主题。

练习水平思考和垂直思考的逻辑联想和自由联想，不仅是思维导图底层逻辑的基本功，也是打造“黄金头脑”的必经之路。

图 2.5 水平思考的逻辑联想

图 2.6　垂直思考的逻辑联想

所谓联想，就是由一个事物想到另一个事物的心理过程。而想象就是在原有感性形象的基础上创造新形象的过程。经常将联想和想象结合使用，可以使内容更加丰满。联想力是二维的，想象力是三维立体的，这就需要我们结合背景知识和背景联想。

思维导图可以从根本上充分发挥我们的联想力和想象力。

想要学好思维导图，就要经常练习水平思考和垂直思考的逻辑联想和自由联想。练习积累到一定数量，你就会不由自主地发现，你今后在方案策划、演讲大纲、问题分析与解决等很多方面，都会变得更加得心应手、游刃有余。

第三章

365 黄金思考法

“3”指的是思维导图的 3 种视觉呈现方式：全图版、全文字版和图文并茂版；“6”指的是绘制思维导图的 6 大核心要素：心、线、词、图、色、构；“5”指的是绘制思维导图的 5 大步骤。

/// 3种绘制类型 ///

思维导图在内容的呈现方式上一般有 3 种形式：全图版、全文字版、图文并茂版（文字为主，图像为辅）。这 3 种形式各有各的优势和特点。

全图版

全图版思维导图主要由线条和图像组成，这种形式的吸睛指数很高，我们很容易用它与他人产生互动。应用时最好有人参照导图进行解说，便于准确解读。这种形式适用于自我介绍、赠送贺卡、上台报告、演讲展示等方面。

图 3.1 是我 5 年前画的全图版的自我介绍。

中心主题　中心图画的是一支笔和一张便笺纸，它们是“留言”的意思，谐音为我的名字“刘艳”。

大纲主干　这幅全图版自我介绍分为四条大纲主干，分别代表：家乡、爱好、梦想、座右铭。

家乡

茂盛的树冠上盖了一座房子，代表“家乡”。

爱好

标有 LOVE 的红心上托着腮的小姑娘，代表“爱好”。

梦想

进入甜美梦乡的太阳，代表“梦想”。

座右铭

两把钥匙和一把锁，代表“座右铭”，锁代表人生，两把钥匙分别代表心理和行动。两把钥匙开一把锁，代表知行合一，知是行之始，行是知之成，从而开启智慧人生。

LOVE

ZzZZ

内容分支 分为家乡、爱好、梦想和座右铭四个分支。

家乡

我现居北京，画的是北京标志性的建筑天安门。我的出生地是河北唐山，唐山遭受过7.8级的大地震，在这里用唐山抗震英雄纪念碑进行说明。冯小刚导演专门为此拍了一部关于唐山大地震的电影，所以用电影胶片表示电影。

爱好

分为三条分支——食物、艺术、生活。食物用图像字“eat”（吃）代替，我喜欢吃螃蟹、关东煮、西瓜、胡萝卜，喜欢喝果汁；艺术用图像字“art”（艺术）代替，我喜欢主持、美术、声乐、舞蹈，以及绘制思维导图；生活用图像字“life”（生活）代替，我喜欢旅行、种植竹子和盆花，喜欢收集玩偶“蒙奇奇”。

LOVE
ART
plant

梦想

分为四条分支，即我希望成为一流的导师；导图的心法与技法能不断地精进；演讲与主持是我终生追求的梦想；我还希望我的孩子聪明善良，像小天使一样。

座右铭

分为两条分支。一条是心灵上的，眼睛和脚印代表的是做人要有前瞻性，要脚踏实地，稳步向前；另一条是行动上的，“LY 2.5”代表的是我的名字“刘艳”的拼音首字母和我的生日，意思是希望自己每年在讲课、脑科学研究、思维导图研究方面都能有所精进。

PPT

LY2.5

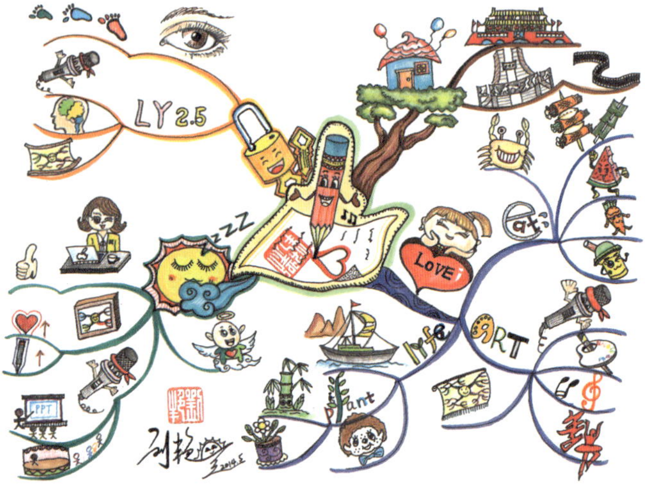

图 3.1　刘艳的全图版自我介绍

全文字版

这种形式由关键词和线条组成，适用于需要精准表达内容，无须有人解说的情况。这种形式可以节省时间，提高效率，尤其是在做会议记录、课程随堂笔记时极为方便。

｜图解｜

如何用思维导图提高开会的效率？

第一部分：明确会议目的。每次的会议一定要有主题、有目的，明确存在什么难题，需要解决什么问题，要就哪方面达成一致的决定。只有明确了会议的目的，开会才能做到有的放矢。

第二部分：提前做好会议准备。会议发起者应做好会议准备，包括哪些人需要参会，提前通知好时间和地点，而且最好提前将与会议有关的资料、注意事项通过邮件发送给参会者，让参会者能提前对会议信息有大致的了解。

第三部分：控制好会议时间。会议时间并非越长越好，一次高效的会议时间安排应遵循以下原则。周报、月报反馈：小于30分钟；简单的工作任务分配：小于30分钟；复杂项目的讨论：小于1小时。（注：复杂项目需要多次开会讨论，每次尽量控制在1小时内。）

第四部分：针对复杂的项目进行头脑风暴。（1）聚焦主题，自由发散；（2）以量求质，禁止批评；（3）允许对别人的想法进行加工；（4）对头脑风暴的结果进行整理和总结；（5）团队投票选出最优方案。

第五部分：做好有逻辑性的会议记录。会议记录应包括：（1）会议的初步结论；（2）相关工作执行人/汇报人；（3）阶段性成果的反馈日期。

图3.2　如何用思维导图提高开会的效率

图文并茂版

这是最常用的一种形式，这种思维导图有 6 大核心要素：心、线、词、图、色、构。这种形式运用了左脑的逻辑思维和右脑的形象思维，有图有文，直观明了。（见图 3.3、图 3.4）

图 3.3　教师节

3D 魔幻立体版

思维导图还有一种特殊的形式，就是立体的形式，中心图是自己拼成的 3D 模型。这种形式具有很强的趣味性，当然这也是制作礼物的好选择，还能增强动手能力，真正做到用全脑绘制导图（见图 3.5）。

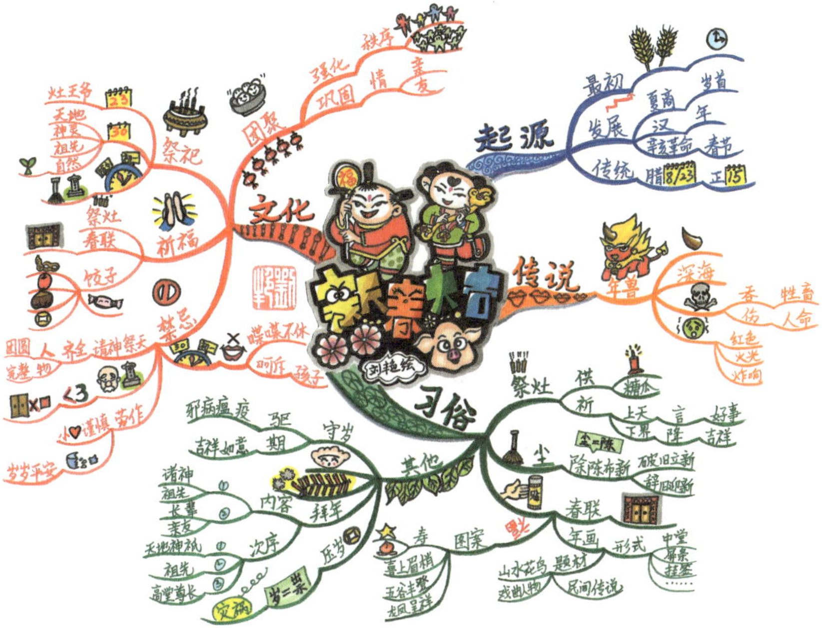

图 3.4 新春大吉

图 3.5 新天鹅城堡思维导图（绘图：陈虹宇）

/// 6个核心要素 ///

一幅完整的思维导图本身是由6大核心要素组成的，它们分别是：心——中心图，线——线条，词——关键词，图——图像，色——颜色，构——结构。在绘制思维导图的过程中，我们要严格遵守思维导图的核心绘制法则，灵活运用6大核心要素，从而建立有效的思维秩序和逻辑结构。

中心图

中心图，指的就是中心主题，它是整幅思维导图的焦点，绘制时最好选取与中心主题内容相关的第一次联想到的图像，也就是第一印象，这样便于直观理解与记忆，印象会更加深刻。

举个例子："确保团队聚焦重要目标。"看到这句话，你的脑中第一时间想到的画面是什么呢？我想到的是靶子，所以我会用靶子来代表这句话的中心主题。

这样的例子有很多，我们来看看下面这幅图中关于中心主题的小图。请记住，你脑中第一时间想到的图像最重要。

那要将中心图画在哪里呢？对于初学者来说，中心图位置的选择可以使用叠九宫格的方法，纸张中央的九分之一处就是中心图的位置。对于熟练者来说，可以用叠对角线的方式，对角线交点四周的区域就是中心图大致的位置。

关于中心图的大小要求，以A4纸为例，如果整幅思维导图的内容比较多，中心图就可以略微小一些；如果整幅思维导图的内容比较少，中心图就可以略微大一些，但最大不能大于中间九分之一的格子。如果是A3纸，就把你的拳头放到纸的正中央，中心图的大小约为拳头的大小。

为了方便职场人士快速绘制中心图，我还有一些通用的中心图模板可供参考。这些模板又被称为万能模板，因为它们适用于任何主题的思维导图。我们只需要在这些模板上面加上主题文字就可以了。你是不是想说这个看上去也有点儿难呢？其实，不要管美丑，只要用简单的线条勾勒出大致的形状就可以了。大家要记住：每个人都不可能一下子画出一幅特别完美的中心图，我们只有大胆去尝试才能画得越来越好！实践往往比知识本身更有价值。画思维导图也是一样，无所谓好不好，要看你画不画。

大家可以尝试着临摹上面的这些中心图模板，并争取默背下来，以便在以后绘制中心图的时候可以随时从大脑中提取。

线条

能否在规定的时间内快速地画出一幅有效的思维导图，在很大程度上取决于绘制线条的速度。学会快速流畅地绘制线条是学习制作思维导图必须掌握的一项基本技能。线条的轮廓大致分为两类：一种是大纲主干的线条，另一种是内容分支的线条。

（1）大纲主干。

大纲主干的线条必须与中心图紧密相连，连接处不能断开，因为断开后，我们的相关想法很快就会被切断。大纲主干必须是由粗到细的双线条，类似于有弧度的锥形样式，两条线最后消失于一点上。绘制思维导图的第一步就是要确定你的基本分类概念的章节标题，也就是大纲主干。

大纲主干的线条样式分为 3 种：通用样式、禅绕画样式、艺术图像样式。

通用样式要么是全部填充颜色，要么是填充纹理。如下图所示。

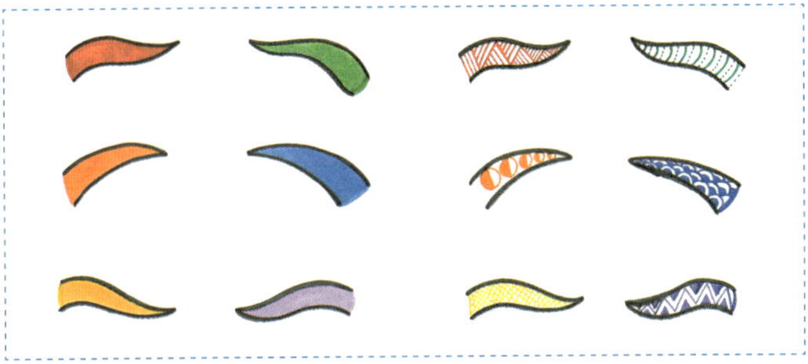

禅绕画样式是大纲主干内的纹理图案，呈现的是这条大纲主干上关键词的具体含义。这一点比较难，需要有一定的绘画基础。

例如，下图中“舞蹈”画的是芭蕾舞者，“纽带”画的是纽扣，“航行”画的是帆船，“工业”画的是齿轮，“婴儿”画的是奶瓶，“生机”画的是叶子，等等。

艺术图像样式运用的是图像形式，就是把大纲主干全部画成图像。这是画思维导图的高阶技法。这种形式一般应用在世界思维导图锦标赛这种竞技比赛上，或者是将导图作为礼物和展示品时采用。

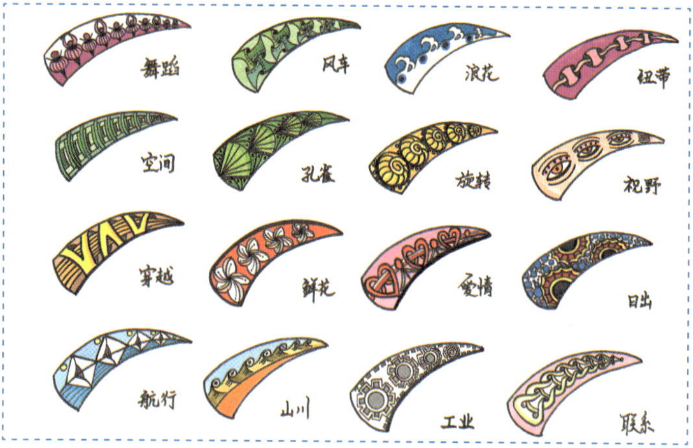

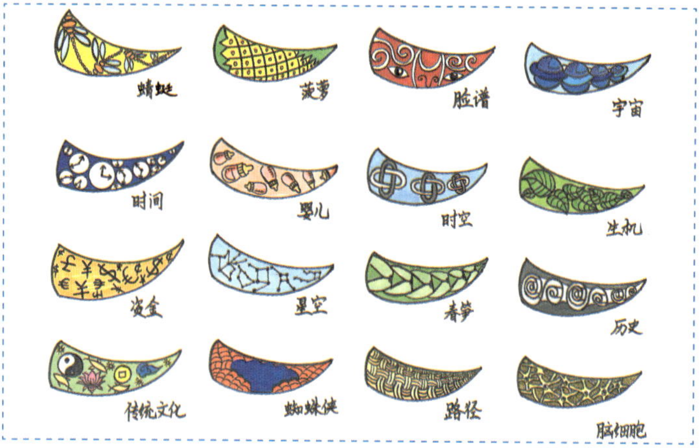

图3.6的主题是中秋节，主要讲述四个方面的内容：总介、传说、习俗、文化。“总介”用正在吃胡萝卜的玉兔表示；“传说”用一位手持拂尘的老神仙表示；“习俗”用桂花表示；“文化”用砚台表示。

图3.7的主题是阅读的类型。该图把阅读分为主食阅读、美

图 3.6　中秋节

食阅读、蔬果阅读、甜食阅读。“主食阅读”用大米饭表示；“美食阅读”用鸡腿表示；“蔬果阅读”用小白菜和香蕉表示；“甜食阅读”用冰激凌表示。用艺术图像样式的好处就是可以非常直观地说明内容，增强读图的趣味性。

（2）内容分支。

思维导图本身是开放性的，所以思维导图的线条要具有生命力，越自然灵动越好。

内容分支的线条样式要求用单条弧线。那什么是弧线呢？圆上任意两点间的部分叫作圆弧，截取其中一部分即为弧线。同时，要画水平状弧线，弧线的走向一定要比较平行。也就是说，线条

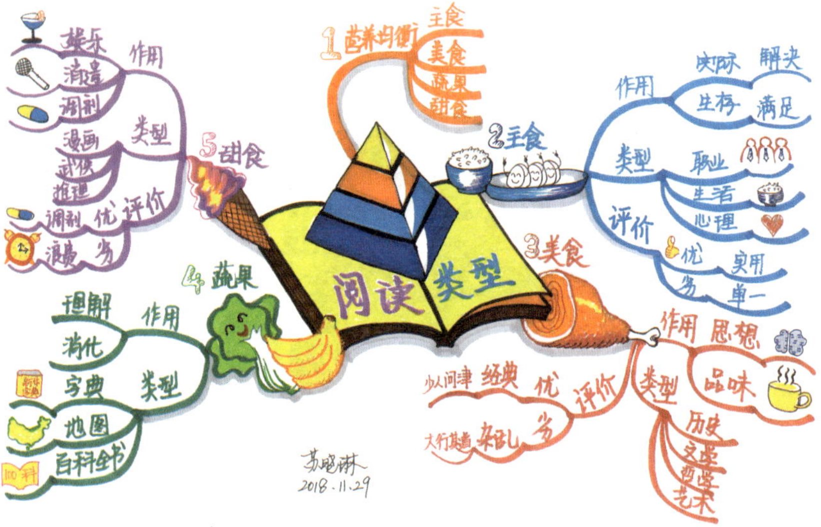

图 3.7 阅读类型（绘图：苏晓琳）

上的关键词一定是我们一眼就能够看明白的。

关于线条的数量也是有要求的，并列关系的线条要保证在 7 条以内。这个数字是有科学依据的。美国哈佛大学心理学教授乔治·米勒（George Miller）曾提出“神奇的 7 加或减 2”法则（The Magical Number Seven Plus or Minus Two）。米勒教授发现，大多数人同一时间记住的新信息不超过 7 条。所以我们选择同级分支的数量要尽量保持在 7 条以内。超过 7 条，我们就要尝试将其归类，因为经过整合的信息更便于记忆。如果主干太多，就表明你的归纳能力有待加强，可以将有些内容合并。

再来看看线条层次。除去大纲主干，相当于递进关系的线条最好小于 5 个层级，便于浓缩要点。

| 图解 |

线条的画法

（以第 38 页图为例）

红色线条　大纲主干是由粗到细的线条，而不是中间粗、两头细。最好将其画成牛角状，尽量不要画成树叶状。内容分支是单条弧线，而不是曲线。

绿色线条　第 38 页左图绿色大纲主干与中心图没有连接，中间断开了，大纲主干必须与中心图相连。内容分支的弧线与弧线之间不能断开，要首尾相连，线条走向不能呈波浪状，应该方向一致，要么全部往上，要么全部往下，每一条分支的起点都是从上一级分支的末端开始的；不能画竖着走的线条，因为这样的话，就要把纸旋转 90 度来看线条上的关键词了。

橙色线条　不要画折线，本页左图两条线的组合看上去像一棵圣诞树。

蓝色线条　第 38 页左图下面的 4 条分支（见蓝色方框内的分支）是从其中一条分支延展出的，这样的话就分不清线条之间的逻辑关系了。所有同级分支线条的起点都始于上一级线条末端。线条要从同一个点出发来展开，也就是说起点相同，对称分布。

褐色线条　第 38 页左图两条分支后面画了一个竖着的曲线，再集合为一条分支（见褐色方框内的分支），这样是错的。

错误的线条画法

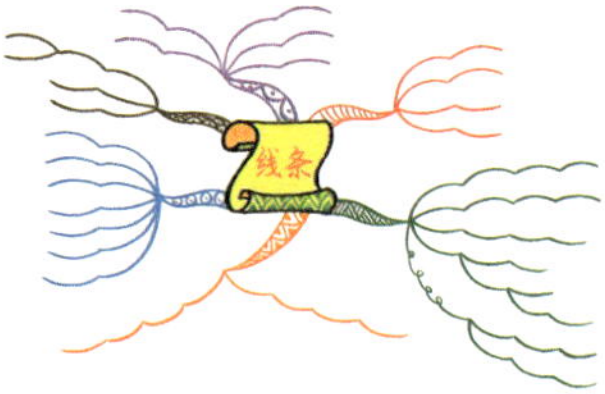

正确的线条画法

应该把集合的分支提前，后面再分别接两条分支。二级分支的起点应从大纲主干的末端点展开，而不是在大纲主干上任意展开（见褐色圆圈内的分支）。

紫色线条 第 38 页左图大纲主干呈现“冲天辫”似的线条，内容分支也是直上直下，应该将其改为水平状、有弧度的线条。

关键词

什么是关键词？

关键词被称为大脑内部信息提取时的“搜索引擎”。它是一段话中最具概括性和总结性、能够唤起大脑精准回忆的词语。

关键词能够概括文章主旨、揭示文章中心、展示文章脉络、标示句段关系，对于加深内容的理解与记忆有很大帮助。

下面标红的字就是这段文字中的关键词。通过这些关键词，我们大致就能了解整段的核心内容。

时间有三种特性：交易、消费和投资。你支付给老板每天 8 个小时、每月 168 个小时，老板回报给你 1 万元的工资，这是交易；你把自己珍贵的 2~4 小时“不被打扰”的时间拿来打游戏、看电视剧、刷手机等，这是消费；你把这段时间用来学习思维导图，这就是投资。

那么究竟该如何提炼关键词呢？看完图 3.8，你就明白了。

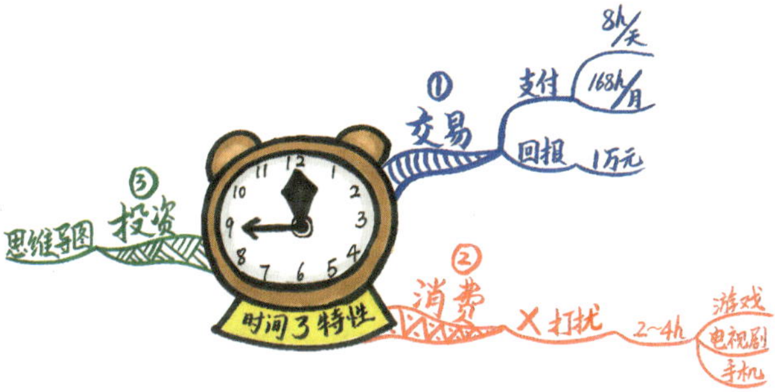

图 3.8　时间的三种特性

提炼关键词的原则

关键词的选择一般以名词和动词为主，辅以必要的修饰语。因为名词、动词不仅是构成意思表达的基本元素，更是强烈可视化的词语，它们能够强化我们对内容的理解和记忆。

名词是我们都非常熟悉的，看到它，我们的脑中可以快速出现图像，这有助于记忆。动词通常代表方向性，可能与结果有关，它也是重要的关键词。

比如：北京　房价　每年　上涨　2 万元

我们可以很清晰地知道这些关键词所代表的信息是什么。

再比如：今年　高考　本科　分数线　20 分

这几个关键词让人看了很着急，到底是涨了 20 分，还是降了 20 分？这种着急就在于信息不清晰，因为少了关键性的动词。

一幅思维导图中的关键词要精简到什么程度与导图绘制者本身对这个主题的背景知识的熟悉程度有关。如果很熟悉，关键词的提取就可以适当少些；如果自身对内容较为陌生，那么可以多提取一些关键词。记忆信息内容时，要尽量在原文当中找关键词；而分析逻辑结构或赏析内容时，则可以自己总结关键词。

提取完关键词后，可以将关键词连缀起来，看意思是否连贯，是否能准确地反映原语段的中心内容。也就是说，提炼关键词的核心依据是：省略它，你就会对内容产生疑惑或误解，那么这样的词就应该保留。所以在确定关键词的精简程度时，一定要考虑到使用者对该内容的熟悉度或相关的背景知识，这样的选择才更具实效性。

原则上，一条线上只写一个关键词，也就是"一线一词"，节点清晰。中文的关键词最好在四个字以内，可以是一个字、两个字的词语或四个字的成语；英文的关键词则要求一条线只承载一个单词。

为什么要坚持"一线一词"呢？我举个例子你就明白了。看看下面这句话的内容，尝试把它整理成导图的形式。

思维导图高效工作法，归纳了一系列实用、有效的逻辑方法，可以帮助职场人士快速提升策划和沟通的核心竞争力。

拆解后的思维导图如下页图所示。蓝色部分的内容是错误的画法。紫色部分和紫色加橙色的部分是正确的画法。

紫色部分的画法替“核心竞争力”“策划”“沟通”保留了“思

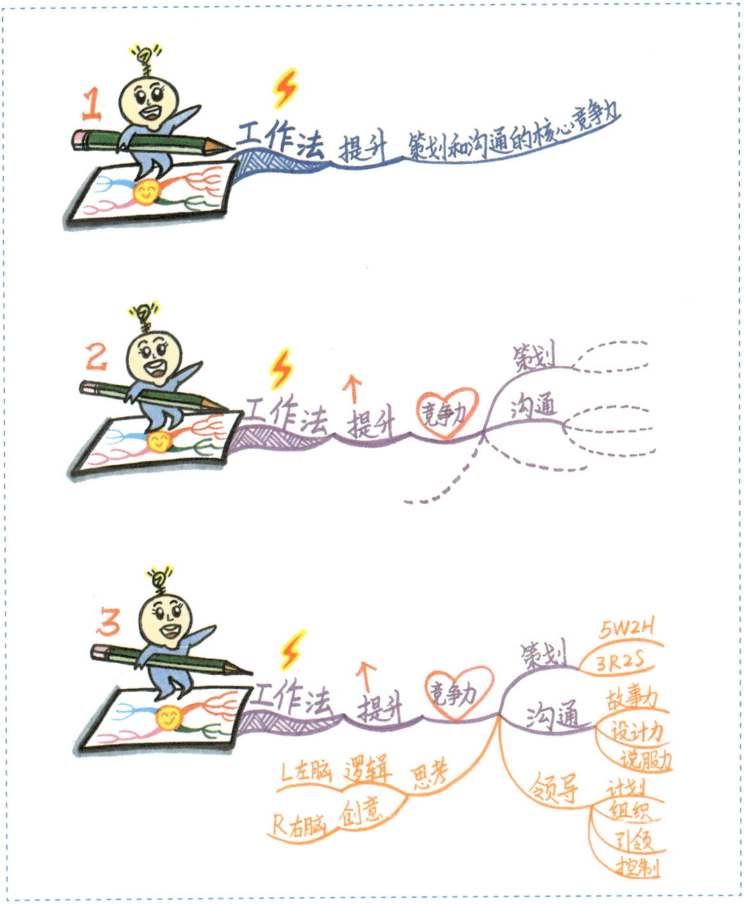

想的活口”（思维的通路）——正如紫色虚线所表示的那样。如果接下来我们还有新的想法，就可以快速地写在下一个层级的分支上，比如橙色部分就把相关的信息整合进来了。

通过这个小案例，我们会发现，每一个关键词都会成为一个新的思考起点，借助它，我们能产生更多新的想法。坚持“一线一词”的原则可以帮助我们保留一些弹性的空间，我把这些弹性的空间称为“思想的活口”（思维的通路）。

提取关键词的窍门

有 5 种方法可以帮助你精准地提炼关键词：划分层次法、巧抓要素法、寻找主话题法、抓取重复词法、寻觅中心句法。

在下面的案例中，我们只需找出核心的 3~5 个关键词，就可以进一步训练我们的“精简力”。

（1）划分层次法。

划分层次法是最常用的一种方法。拿到一篇文字资料，要先通读，并思考一下这是什么体裁的内容；紧接着开始划分层次；最后在文字资料中找出最能概括每层意思的核心关键词。找关键词时首先是在原文中找，如果原文中没有合适的词，可以自己总结概括。

例如：

远古时代，茶曾被当成解毒剂使用。现代，因为我们发现多喝茶有助于身体健康，所以茶成为生活中不可或缺的饮品。茶叶的成分除了有可以振奋精神的咖啡因，

> 还包含单宁酸、维生素、蛋白质、矿物质等营养素。多喝茶有助于身体健康，但要注意以下禁忌，以免伤害身体：不要用茶水服药，睡前不要喝茶，不要喝太浓的茶，不要空腹喝茶，不要喝隔夜的茶。

【解析】第一步，通读这段文字。第二步，判断文体。因为文体不同，叙述特点也不尽相同，判断文体有助于划分层次。如果是记叙文，可以按情节划分层次；如果是说明文，可以按说明顺序划分；如果是议论文，可以按论点划分。这段文字讲了喝茶的功用、成分、禁忌，很明显是说明文。第三步，分层。这段文字可以被分成三层意思：第一层，远古时代……饮品；第二层，茶叶的成分……营养素；第三层，多喝茶有助于……不要喝隔夜的茶，以五个“不要”结束。这三个层次是并列关系。经过这样的层次划分，再经过深入思考以后，三个核心关键词基本上就呼之欲出了：功用、成分、禁忌。

（2）巧抓要素法。

可以根据5W1H要素法来划分：When（时间）、Where（地点）、Who（人物）、What（事件）、Why（目的）、How（做法），直接找出每个要素相对应的关键词就可以了。

例如：

> 洗澡是一件非常普通的事情，而美国麻省理工学院

机械工程系的谢皮罗教授却敏锐地注意到：每次放洗澡水时，水总是朝逆时针方向旋转。这是为什么呢？谢皮罗紧紧抓住这个问题不放，反复地做实验。1962 年，他将自己的研究成果以论文的形式发表了。他认为，这种漩涡与地球自转有关，如果地球停止旋转，就不会产生这种漩涡。

【解析】When：1962 年；Who：谢皮罗；What：洗澡水和漩涡；Why：地球自转，也就是说研究洗澡水的漩涡方向和地球自转的关系；How：实验。

（3）寻找主话题法。

寻找主话题法就是首先要清晰地了解目标文字主要讲的是什么内容，再根据主旨内容找出与之相关的核心关键词。

例如：

随着社会的进步和人们生活水平的提高，越来越多的人开始参与公益事业，于是一种“草根公益”应运而生，这就是微公益。微公益提供了一个很好的平台，能让人们将微不足道的爱心汇集起来，积少成多，就形成了一股强大的社会力量。微公益关注贫困、教育、社会发展、生物保护、低碳生活等方面，具有很强的利他性。它没有过去大慈善家那种“行侠仗义”“扶贫济困”的远大抱负，取而代之的是寓善于乐的参与方式。

【解析】很显然，这段文字的话题是微公益。因此，接下来你在文中找出的四个核心关键词是用来解释“微公益”这个词的。“草根公益”又叫微公益，所以“草根公益”算一个关键词。那还有哪三个词可以概括其核心呢？社会力量是怎样形成的？积少成多。关注很多事物表现出了有很强的利他性，所以“利他性”也算。最后说的是微公益的参与方式，即寓善于乐。所以这四个关键词就是：草根公益、积少成多、利他性、寓善于乐。

（4）抓取重复词法。

在一段文字资料中，有些词语会多次出现、反复出现，而这些词语往往就是这个语段中的关键词。我们需要关注同类信息或高频词语。某些语段中有较多相同的词语或内容相近的语句，我们只要把这些相同的词语或内容相近的语句逐一合并，提取关键词就容易很多。值得注意的是，一些重要的内容会在语段中被反复强调，或多方论述，或全面介绍，关键词也必然会反复出现。

例如：

有消息称，为加强博客的管理，消除博客中侵权等问题，工信部正考虑拟定相关的法规以规范博客的管理，其中不排除采取“实名制”的方式。目前，工信部已委托中国互联网协会互联网政策与资源工作委员会博客研究组开展“博客实名制”的调研，研究结果将提交工信部供决策参考。

据了解，在近日的一次初步调研中，博客研究组征求了部分博客提供商的意见，对“博客实名制”管理的适用范围、管理中各方的权利和义务、登记博主身份信息的内容、保障登记信息真实性的措施、管理中可能遇到的问题，以及管理实施的时间安排进行了探讨。

不过，据相关人员透露，博客研究组对“博客实名制”的施行还没得出统一可行的结论。“目前只是探讨阶段，还没到提案阶段，估计短期内不会出台。”研究组的一位代表表示。

【解析】多次出现的关键词：博客、管理、实名制。

（5）寻觅中心句法。

语段中的有些句子会起到关键作用，或引领下文，或总结上文，或承上启下，或总领全篇。抓住这些句子，就能理出关键信息的方向，顺藤摸瓜，就能找到相应的关键词。至于那些为了说明某些必要的信息，不得不加上的说明性、修饰性的内容，则应予以删除，以便凸显主要信息。

例如：

从甲骨文到草书、行书的各种书法艺术，间接地反映了现实的某些方面的属性。书法能将具体的形式集中概括为抽象的意象，通过视觉启发人们的想象力，调动人们的情感，使人们从意象中体味其间所蕴含的美。这也就是一些讲书法的文章里常说的“舍貌取神”——舍弃客观事物的具体外在特征，而摄取其神韵。

【解析】一读就能很快地发现，这段话的中心句是最后一句，其核心是“舍貌取神”。而“貌”“取”“神”又分别指向三个关键词——“意象”“体味”“神韵”。这样我们就找到了三个，还剩一个。再用话题法去寻找，即可找到最后一个关键词“书法”。所以关键词是：意象、体味、神韵、书法。

如何在思维导图中画出关键词?

提炼完关键词后，我们来看一看如何把关键词画在思维导图上。

大 小　如果是中文，大纲主干上的字就要大些，内容分支上的字要略小，大小最好是逐层递减的。但我们在平时写字的时候往往不容易做到字的大小逐层递减，所以内容分支的字体可以统一略小些。如果是英文，大纲主干上的关键词要求全部大写，二级分支上首字母要大写，余下层级一般要全部小写。

具体看下面的小例子。

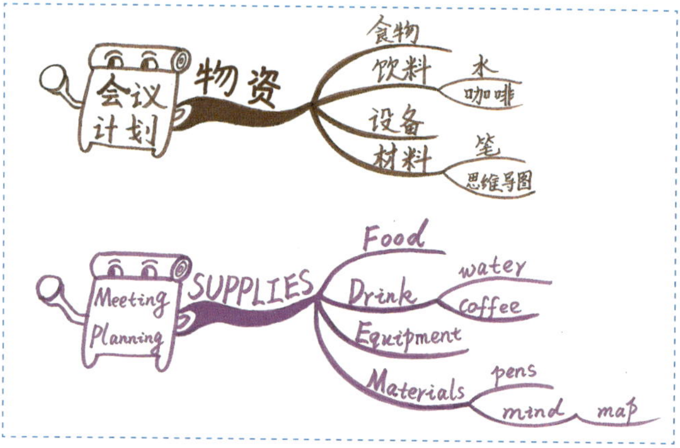

书 写 一般来讲，要将要点画在前面。也就是说主要关键词离中心图最近，次要关键词依据轻重程度逐层排序。要将关键词画在线条上，线词同步，也就是说要一边画线条一边写关键词。关键词在每一条线上的书写方向一律是“从左到右”，无论是写在左边的线条上还是右边的线条上。

颜 色 如果讲求效率，就是关键词和线条同色，画一条线就写一个关键词，这样不用来回地换笔。如果是做展示用，建议用黑色，清晰直观。

图像

针对思维导图中的一些重要信息，我们可以采用视觉元素来突显重点，强化记忆，这些视觉元素就是图像。具体来讲，图像指的就是画在重要关键词旁边且能够代表相应含义的插图、代码、符号。运用图像语言，可以使信息更加精准。

我们的大脑中约有30%的灰白质是由与视觉相关的神经元所组成的，因此我们的大脑在处理与视觉图像有关的工作时，能力极强。科学家做过这样一个实验：他们以每秒钟一幅的频率向600个人展示图像，展示完毕即开始测试精准回忆，全组中有98%的人可以进行精准回忆。实验证明：单纯记忆图像会更容易。

在绘制思维导图时，关键词是记忆触发器，图像语言是视觉激发器，将二者结合就可以建立全景思维，以探索复杂信息之间的联系与结构。

四种图像形式

思维导图中的图像包含四种形式：插图、代码、符号、图像字。

插图是指插在关键词中间用以说明其内容的图画。我们通常绘制的插图大多是简笔画。比如在图3.9中，画蓝圈的图像就是插图，它们分别代表元宵、花灯、灯谜、龙灯。关键词的本义是什么，就画什么。

代码指的是用简单的图形代表相应的含义。这些代码要能迅速地让你联想到初始的知识点，因为我们记住的是视觉图像，而不是抽象信息本身。

以图3.9为例，红框中呈现的就是代码，“佛”用小和尚代替，

“道”用老子代替；“火把节”用一堆火代替。除此之外，大纲主干用的也是代码，“起源”用水浪表示，“传说”用唱着歌张开翅膀的毛笔表示，“习俗”用中国结表示，“文化”用一本古代线装书表示。

符号是规定或约定俗成的，一般是我们经常可以见到的记号或标记。我们一看它，就知道它要表达的意思。

在图 3.9 中，菱形紫框呈现的就是符号。句号表示“结束”，向下的箭头表示“减轻”，对钩表示“获得”。

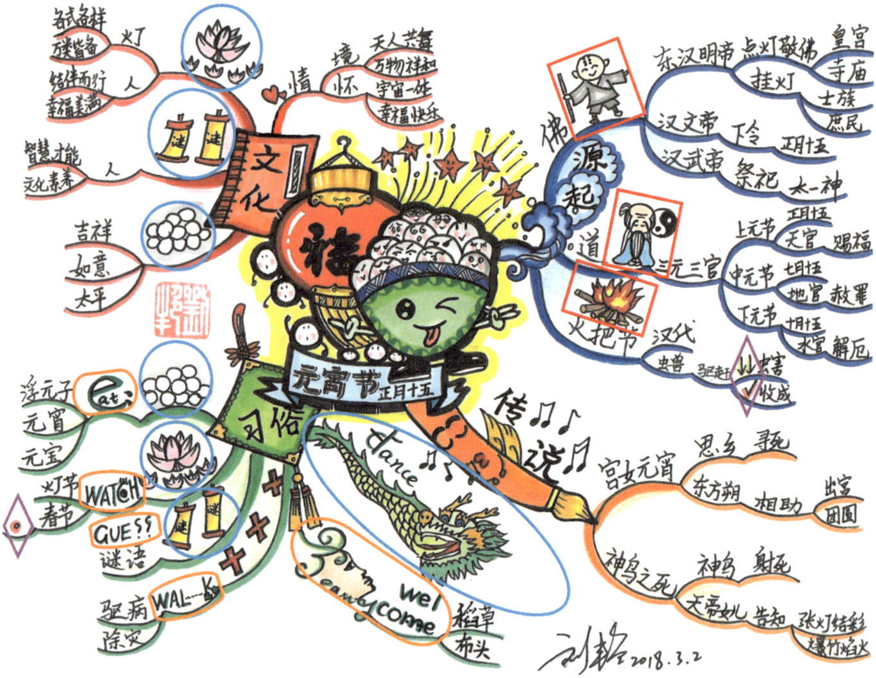

图 3.9　元宵节

图像字指的是图像和文字融为一体，成为一个说明元素，它更能直观地表达相应的含义。在图3.9中，橙色框内的都属于英文图像字，它们分别是：eat（吃）、watch（看）、guess（猜）、walk（走）、beauty（美丽，呈现的是一个美丽的姑娘的脸庞）、welcome（欢迎）。

抽象词转换成图像的方法

在绘制图像的时候，有很多人会有这样的疑问，那就是形象词是容易出图的，可那些抽象词是不容易出图的，该怎么办呢？遇到抽象词时，要先学会把它变为形象词，然后配以相关图像进行说明。抽象词变为形象词有以下几种常用的转换方法。

（1）谐音法。

就是用与抽象词读音相同或相近的形象词来替代抽象词。

例如：

影响——音响

简单——煎蛋

支持——直尺

记忆——机翼

（2）替换法。

有些抽象词是对许多形象词共有特征的概述，所以可以从相关的形象词中选择一种来代替该抽象词。要特别注意，转化之后的词要很容易就能还原回去。

例如：

时间——手表、闹钟

思想——大脑、灯泡

寒冷——企鹅、雪花

传统文化——毛笔、中国结

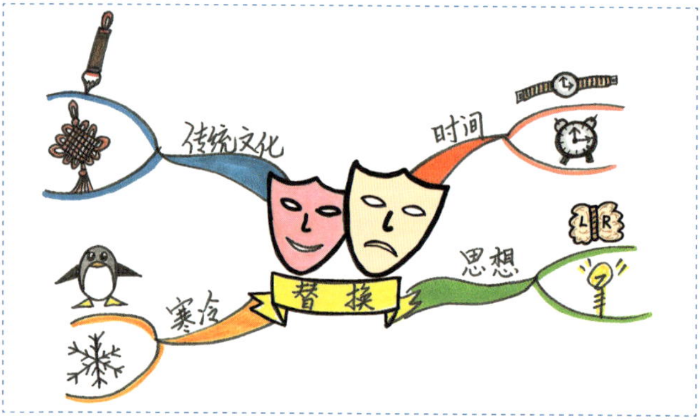

（3）倒字法。

例如：

前提——提钱

精神——深井

雪白——白雪

和谐——鞋盒

（4）增减字法。

例如：

说明——说明书

信用——信用卡

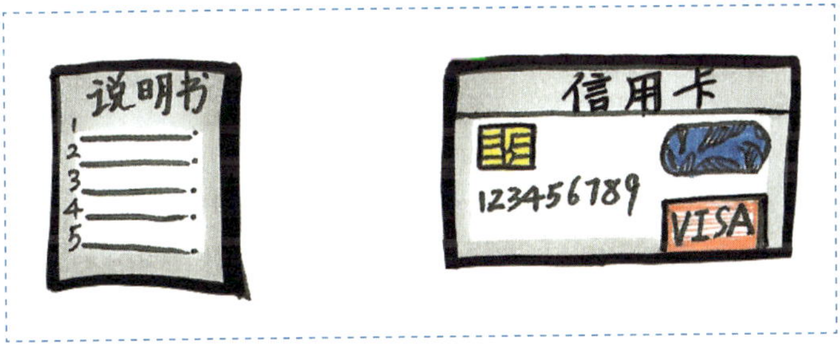

（5）“顾名思义”法。

例如：

结果——结出的果实（苹果树）

螳臂当车——螳螂举起前肢企图阻挡车子前进

笑里藏刀——微笑的人，嘴里有一把刀

加油——汽车在加油

出图的原则

那么，如何在思维导图中添加图像呢？有没有相应的要求和标准呢？

图像的运用要遵循聚焦原则，要在重要的、难理解的、抽象的、易忘的地方画出图像。图像通常要画在线条上，或者画在所要表达的关键词旁边。

切记，出图时要注意图像与内容的契合度，不然画得再好看，也是毫无意义的。一旦图文不符，对内容的理解就容易产生歧义。尽管一个图标能够代表多种含义，但要选择大众都能够快速理解的图标来表示。

你把想象中的东西具象地呈现出来与人分享，本就是一件快乐的事情。在绘图的过程中，每个人的绘制水平有所不同，所以不必强求自己需要什么样的画法，只要能让自己快乐地画出心中最真实的想法就可以了。多观察、勤思考、深积累，才能提升绘图水平，画出脑中所想。例如，下面的这些抽象词就是通过上面的 5 种方法绘制的。

第一行：唤醒　质量　复盘　上善若水

第二行：函数　距离　抽象　我爱我家

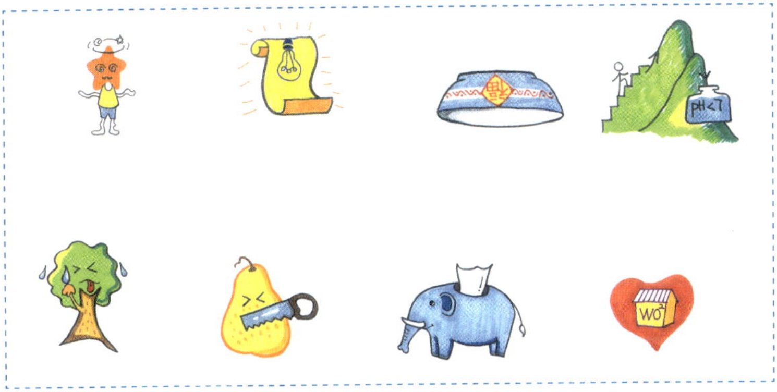

（绘图：苏晓琳）

颜色

人类天生就是喜欢颜色的，人眼对于颜色的敏感度比对文字的敏感度高。颜色可以给人带来乐趣，同时，它带来的感官刺激让人印象深刻。心理学家朗诺·格林（Ronald Green）指出，利用颜色传达视觉信息，可以提升 80% 的阅读意愿与参与动机。《色彩的影响》（*Colour for Impact*）一书的作者珍·怀特（Jan White）也认为颜色可以缩短 82% 的信息搜索时间，提升 70% 的理解度，提升 60% 的记忆效果。

在思维导图中，我们一般会应用 8 种颜色，黑色是基础色，也就是勾线色。其余的是三组对比色，分别是：红绿、橙蓝、黄紫。还有黄色的补充色——褐色。

中心图要使用三种以上的颜色，最好使用美术色彩的三原色：红、黄、蓝。

线条的颜色使用要求一个信息类别用一种颜色，大类线条与大类线条之间要用颜色来区分，最好使用对比色（红与绿，蓝与橙，黄与紫）。这里的黄色，建议改用褐色，便于区分。

关于关键词的颜色选用，一种是和所承载的线条同色，另一种是全部用黑色。第一种形式的好处是节省时间，能提高效率，便于更好地区分内容信息。第二种形式的好处是整体结构更加醒目，便于产生新的想法。

插图的颜色要尽量使用“跳色”，就是要与所在线条、关键词的颜色有所区分，这样才能达到激发创意、增强记忆效果的目的。

图 3.10 是一张关于“色彩性格分析”的思维导图，运用了三组对比色。

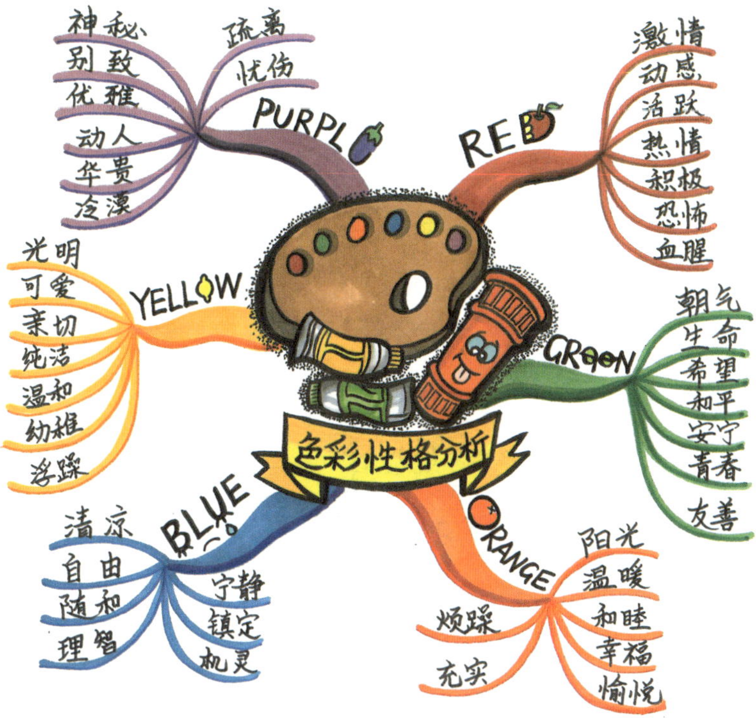

图 3.10 色彩性格分析

| 图解 |

图像配色宝典

一般的**常用色**是 11 种。

深色：黑、蓝、紫；

中间色：红、绿、褐；

浅色：黄、橙、粉红、浅蓝、浅绿。

相近色搭配：将相近的两种颜色搭配在一起，可以呈现出层次感和渐变的效果。

高级色搭配：我们都知道红、蓝、黄是三原色，那么把三原色搭配黑、白、灰，就形成了高级色，这种搭配好看、好用、好记。

最佳色搭配：蓝色搭配橙色和粉色；绿色搭配褐色、黄色、红色；红色搭配蓝色、黄色；肉色搭配粉色。

图 3.11　图像配色宝典

结构

我们首先来做个小测试，请大家快速数一数下图中大概有多少个点。

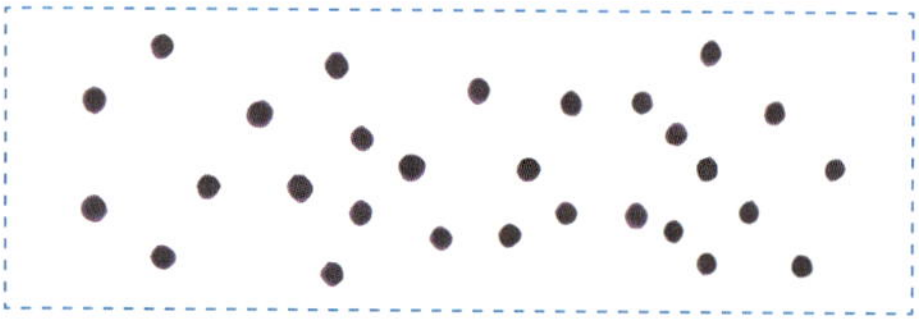

如何快速数出有多少个点呢？我们不妨将其进行同质化分组，也就是归类整合。这些点从左到右可以组合成4个点的梯形、3个点的三角形、4个点的弧形、5个点的五边形、4个点的长方形、5个点的折线形、4个点的平行四边形。这些点加起来的数量是29个。

这样，有多少个点就能一目了然。这也体现了归类的重要性。

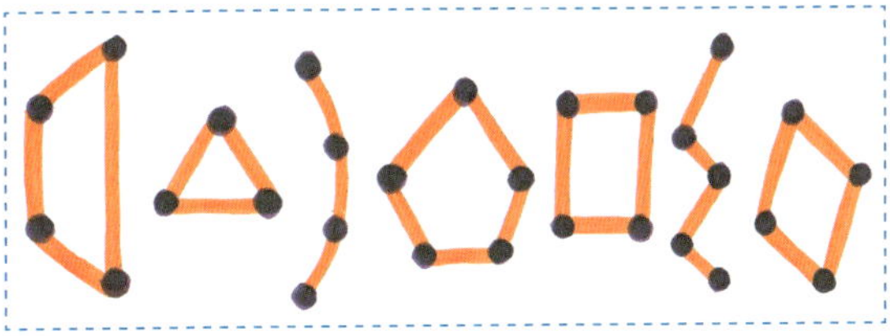

在思维导图中，我们将信息资料以明确的逻辑顺序排列，并依据其性质进行分类，厘清相应结构关系后，可以在很大程度上增强导图中信息资料的实用性和可读性。

思维导图的结构是呈放射状的。它模仿了大脑神经元细胞放射状的结构形式。从中心主题出发，展开树状的结构与网状的脉络，一个层级的分支向外延展，形成下一个层级的分支，这与我们大脑的思考过程相辅相成。

思维导图的结构分为四种逻辑关系，分别是：总分、并列、递进和因果关系。

（1）总分关系。

举个例子：

分析企业战略时，仅从微观看外部竞争和内部能力，有时候是不够的，还要从政治、法律、经济、社会文化、技术等角度看宏观大势。

将这段话画成思维导图，就是下图这样的。

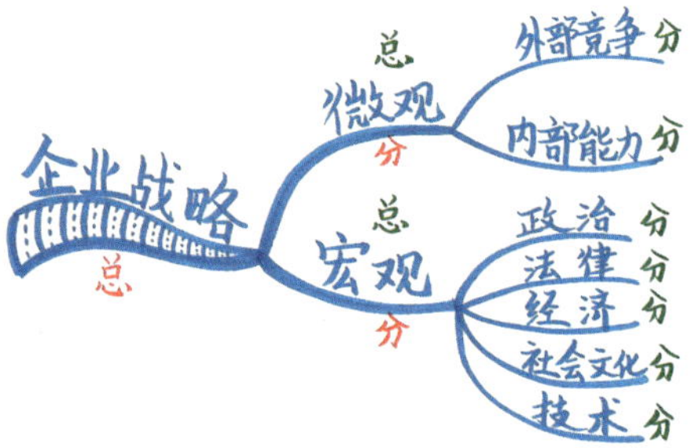

（2）并列关系。

举个例子：

平衡计分卡，就是在财务、客户、内部运营、学习成长四个维度上分别设定指标，平衡管理的一套战略工具。用“共赢”指标来衡量外部与内部，用“因果”指标来衡量过程与结果，用“远近”指标来平衡短期与长期，帮助 CEO（首席执行官）成为一个真正的思考者和执行者。

将这段话画成导图，就是下图这样的，颜色相同的圆圈都是并列的关系。

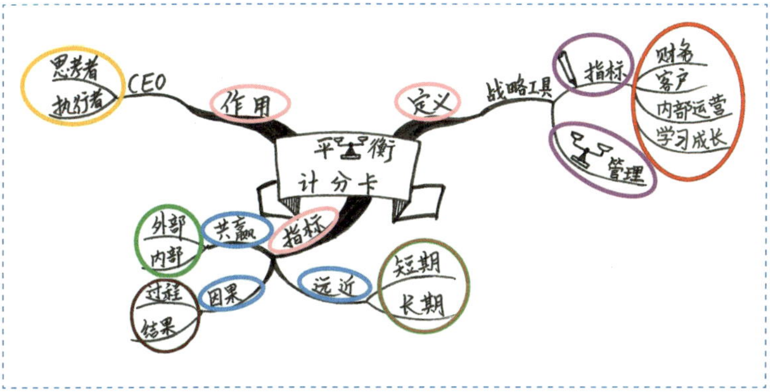

（3）递进关系。

举个例子：

工具思维，就是把那些看似飘忽不定、不可说的“道”，变成可执行的“术”，以提高结果的确定性和品质的稳定性。

将这句话画成导图，就是下图这样的。

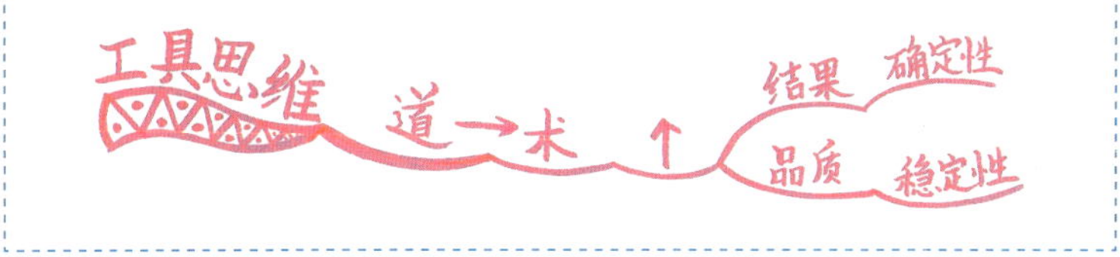

（4）因果关系。

因果关系一般应用在问题分析上，第一层级代表问题；第二层级代表的是造成该问题的原因；第三层级是各种对策、解决方案；第四层级是该方案所涉及的具体做法，也就是行动步骤。总的来说，就是“问题—原因—对策—做法”。

假设你是一家手机公司的销售总监，目前公司的手机销售额呈逐月下滑的态势，现在需要你和你的团队伙伴一起找出手机营业额下滑的原因，并且根据原因制订相应的解决方案。

这时我们就可以利用思维导图来思考，画出下面这幅图。

这幅图出现了四种颜色，常规画导图要求是一个类别用一种颜色。但画这幅图是为了让大家直观地看到“问题—原因—对策—做法”这四部分内容呈现的因果关系。黄色的中心图是问题，红色线条的内容是原因，蓝色线条的内容是对策，绿色线条的内容是做法。从这幅图中，我们可以清晰地看出手机营业额下滑主要有两大原因：产品和渠道。

针对产品这个原因采取的对策是从外观和功能上进行改变。改变外观的做法是，设计力求简约、时尚，款式要增加细分群体，比如专为商务人士、家庭主妇、媒体从业者等人群定制的款式；在功能上，要提高硬件的配置，增强软件的实用性和丰富性。

针对渠道这个原因采取的对策是开通线上和线下两条渠道。线上的具体做法是借助第三方的商城或建设自有商城；线下的具体做法是采用直销或分销的模式。

你有没有发现，思维导图的因果关系结构可以帮助我们解决一些实际问题，非常实用。

如果我们把一幅思维导图比喻成从天空鸟瞰的大树，那么中间的树干就是导图的中心主题，也就是中心图；沿着树干会长出许多由粗到细的大树枝，就是导图的大纲主干；每一根大树枝上又长出许多中树枝、小树枝，也就是导图的内容分支；每根树枝上的树叶好比是导图的关键词，树叶长在树枝上，也就是将关键词画在线条上；树上结出的果实就是一些关键的图像。最后我们再来鸟瞰这棵大树，它的整体是呈放射状的，体现的是放射性思考的导图结构。这样我们就能通过这棵大树回忆思维导图的核心 6 要素了。

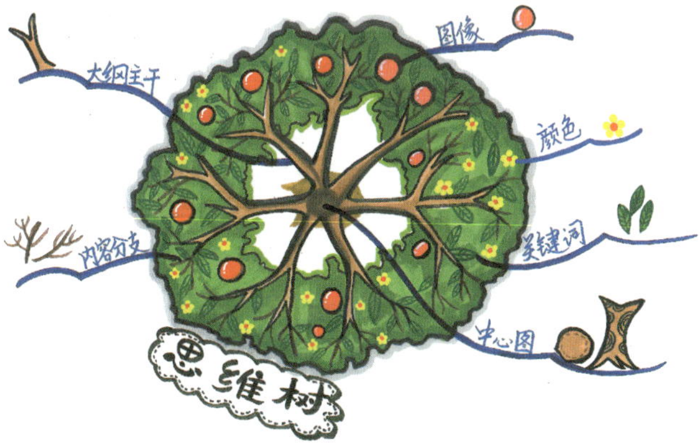

/// 5步快速绘制法 ///

思维导图的绘制法则起初是由思维导图的发明人东尼·博赞先生制定基础的法则内容，后来无数的脑科学专家和思维导图实践者不断地进行了更新优化。图 3.12 是在这些原有法则的基础上，根据中国人的思维特质，适当增加了一些中国化的元素，以便我们理解、绘制。初学者参照这套绘制法则，可以少走许多弯路。

图 3.12 思维导图核心绘制法则

构建思维导图的规律看似简单，实际上非常有效。思维导图是一种思维可视化工具，是我们头脑中思路的一种外在表现形式。

我们要理解规律，遵循规律，严格参照核心法则绘制导图。这样我们的思路才会更清晰，逻辑才会更严谨，表达才会更充分，从而极大地提高思维的准确性、自由度和创造力。

例如，用“工作报告”作为中心主题来绘制一幅思维导图，具体步骤如下。

第一步：明确主题，画中心。

先在整张纸中央的九分之一处绘制中心图。

说到工作报告，我第一个想到的图像就是一支笔和一张纸。这种中心图比较好画，因为我在前文中示范过如何画卷轴纸。在这个阶段，你完全可以撇开铅笔与橡皮，直接用黑色水笔勾勒图像。用黑色水笔勾勒完线稿后，你就可以直接上颜色，最好使用三种以上的颜色，包含红、黄、蓝三原色。

如果我们只画纸和笔，恐怕日后会回忆不起来这幅导图的主题，那么我们可以把“工作报告”四个字写在中心图上。

第二步：划分结构，定主干。

画好中心图后，接下来便是思考要向他人介绍哪几大类的信息。比如，可以从总介、汇报形式、报告内容、制作要求、排练五个方面来展开思维导图的绘制。要先在大脑中权衡一下这五个部分在白纸上所占的大概的比重，提前做好相关的布局工作。比如，经过思考后，第三部分“汇报内容”和第四部分“制作要求”的内容会相对多一些，那就要给这两部分多留一些空间。

第三步：梳理细节，延分支。

第一部分：总介。

第一部分的具体内容应该是这样的：写工作报告，要避免一个误区——把“工作总结”当作“总结工作”，花大笔墨说明自己有多么辛苦，误认为“干的活儿越多，就越能受到赏识”，事实显然不是这样的。好的工作报告不仅要展现你做了什么，更要体现你取得的成果。要时刻记住，工作报告就是将单位考核你的核心部分主动展现。“工作总结 = 总结工作成果”才是工作报告的正确公式。

我们可以在指针 2 点的位置用红色的马克笔从中心图出发，沿着中心图的边缘绘制第一条由粗到细的大纲主干。大纲主干内部可以涂实，也可以填充纹理，你可以根据自己的喜好，自由选择。但切记要将它和中心图连接，中间千万不能断开。我们要在第一条大纲主干上面写上关键词“总介”，后面各级内容分支可以用前面讲过的水平状的弧线来绘制，再添加关键词。建议一边画线条，一边写关键词。

在“总介”后面，我们再画出两条二级分支的内容，它们分别是“误区”和“正确的公式”。那么“误区”是什么呢？我们继续沿着误区所在的线条末端来绘制三级分支和四级分支。具体写上误区是“工作总结 = 总结工作”。那么“正确的公式”是什么呢？以此类推，我们需要分别在后面的三级分支和四级分支上写上“工作总结＝总结工作成果”，并用一个小苹果代表“成果”这个关键词。

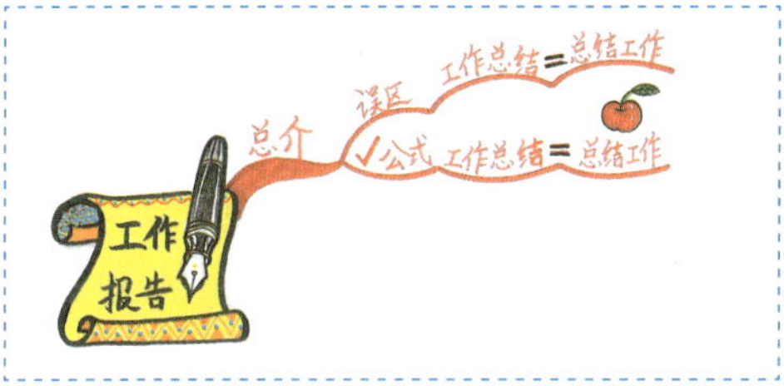

第二部分：汇报形式。

第一部分我们用的是红色，那么根据法则中对颜色的要求，在第二部分中，我们要开始用绿色来绘制了。同样按顺时针方向，我们可以开始绘制第二部分的大纲主干。汇报形式分为“口头”和“幻灯片”两个种类，后面的三级分支是进行具体的说明——面对面的口头汇报、搭配展示用的幻灯片。对于“面对面”，我画了两个面对面的小人来直观表示。

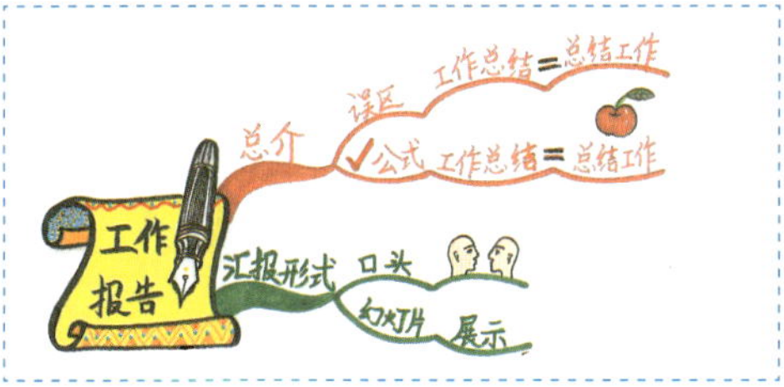

第三部分：报告内容。

此处绘制的方法基本和前两个部分一样。先明确汇报对象，确定报告主题。如果是汇报给直接领导、渴望获得加薪（我用了一个金钱符号表示加薪），报告的主题就应是“个人成果＋对团队的贡献”；如果是汇报给公司大领导，报告主题就该是“团队付出 + 对公司的贡献”。确定汇报的主题后，不要忙着做幻灯片，而是要整理你一年的工作。这一步不要怕烦琐，可以将大大小小的工作项目都写下来，确保不遗漏。要从工作付出中挖掘工作成果。我们不妨制作一份表格，将内容分为“工作行为”和“工作成果”两类，比如“开发某项工艺”是工作行为，“提高公司 20% 的生产效率”就是工作成果。将工作行为和成果对应，花费了时间、精力却没有成效的，可直接忽略。最终，你会清晰地看到你付出了多少，取得了什么成果。最后将“工作成果”进行分类。

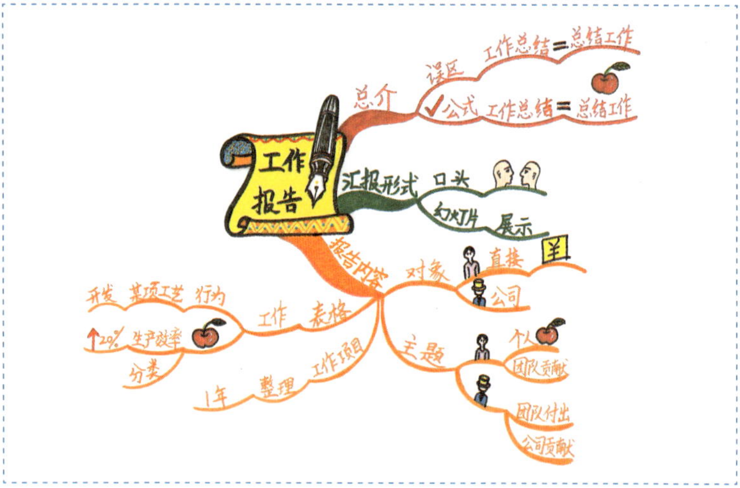

第四部分：制作要求。

制作要求分为开头、幻灯片、成果展示这三个并列关系的层级。工作报告的开头，要特别注意用心打磨。我直接画了一颗心代表“用心”。可以按照“引入情景、展示冲突、提出疑问、解决方案”的方式设计。在这里要特别注意，最好每条线上都是“一线一词”，不要出现动宾短语，比如，“情景”“冲突”“疑问”“方案”都是名词，那么“引入”“展示”“提出”“解决”都是用来解释说明它的动词，可以将它们放在下一个层级。

再来绘制幻灯片的内容。制作幻灯片时，要坚持一个原则：简洁就是美。幻灯片上只应该有最基本的框架，不允许出现大段的叙述文字，因为没人会看。所以在这里，简洁和框架是对美的具体解释。幻灯片的内容可以按照“金字塔结构图”搭建。最顶部是工作报告的主题，第二层是提炼好的几个要点，最下面一层是具体的工作内容和成果。按照这个框架将内容一一填充，这会使你的展示逻辑严密、让人信服，而不至于陷入混乱。

最后绘制成果展示部分。在成果展示上，好图胜千言。比如，遇到数据，可以用饼图、条形图、折线图展示；涉及项目流程、原

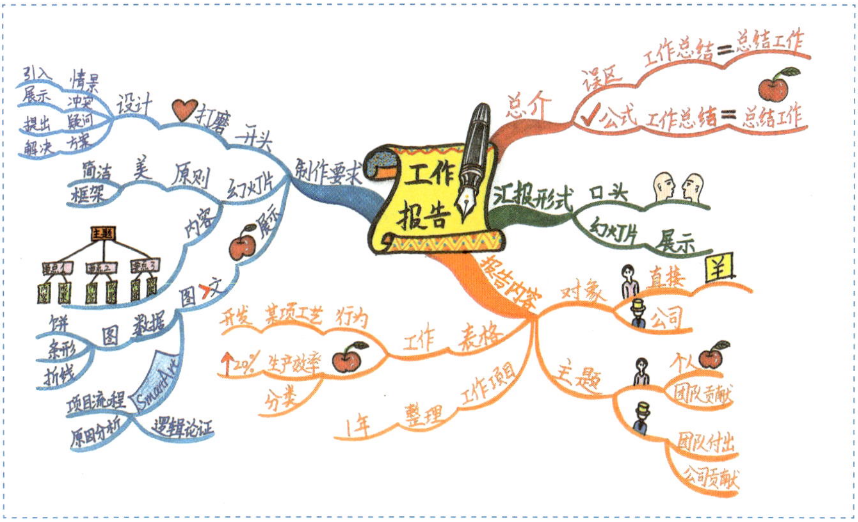

因分析、逻辑论证时，可以调用幻灯片内置的 SmartArt 图形符号。

第五部分：排练。

做报告要提前排练，确保做到现场不紧张、不忘词，幻灯片不出错。

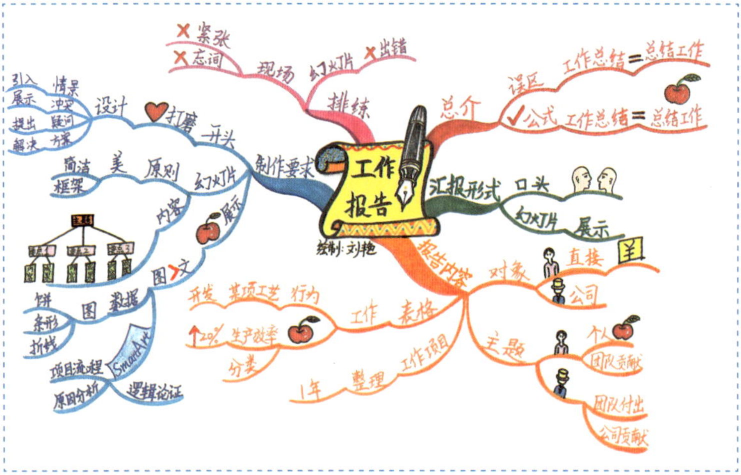

第四步：区分圈层，找关联。

前面我们透过思维导图树状结构的展开，以具有逻辑性的分类方式绘制了“总介”“汇报形式”“报告内容”“制作要求”“排练”这 5 大类的详细内容，接下来就要思考不同类别之间是否有关联性。我们可以用箭头连接信息有关联的地方，也可以画相同的图标来表示。例如：图 3.13 中标注苹果的地方代表的就是成果。直接领导画的是粉色的小人，公司大领导画的是戴黄帽子的小人，这样我们就能直观地看到这些信息点之间的联系。

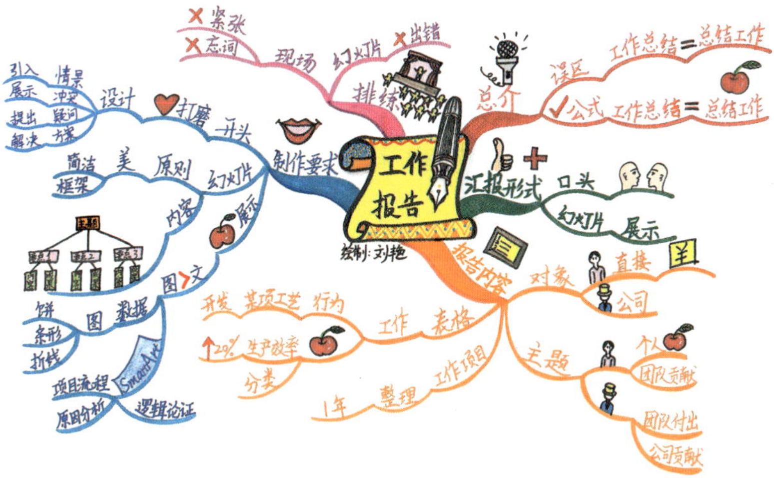

图 3.13　工作报告

第五步：增强记忆，添图像。

思维导图笔记与其他图解思考工具在视觉上的最大区别就在于前者加入了许多简笔画的图像。但如果你可以直观地通过关键词理解该部分的内容，就没有必要画插图、代码、符号。我们通常在易忘、抽象、重点的地方才使用图像语言，但是大纲主干上的图像是必须要绘制的。所以，我在第一条大纲主干上的关键词“总介”上面画了一个话筒；第二条大纲主干上的关键词是“汇报形式”，我画了竖起的大拇指和加号的图像，意思是汇报形式最好采用叠加的形式；我在第三条大纲主干“报告内容”上画了标有序号的文件资料；在第四条大纲主干“制作要求”上画了一张嘴，表示提出相应的要求；在最后一条大纲主干“排练”上画了一个会场。总之，你画的图像必须能够与内容产生关联。

根据以上五大绘制步骤，我们便可以轻松完成一幅属于自己的思维导图。随后，你可以对相应内容进行适当补充，使其更加完善。

/// 图解国际标准画法 ///

思维导图国际绘制标准是由思维导图发明人博赞先生制定的，他把评价思维导图的绘制水平划分为五个维度，分别是：中心图（18%）、大纲主干（18%）、内容分支（61%）、总体（43%）、项目（10%）。每个维度又分别从思维和技巧两个方面进行相关的标准设定。其评价总分在 2017 年之前是百分制，从 2017 年开始实行的是 150 分制。图 3.14 和图 3.15 就是我的导图工坊里的两位学员绘制的 150 分制的思维导图国际评分标准。

图形创意角度

图 3.14 在创作“思维导图评分标准”的过程中，秉承了“一图抵千言”的原则及拟人化原则。中心图绘制的是一个开心的大脑先生（裁判）拿着评分表和 150 万元的奖金（总分 150 分）。

五大主干是通过谐音法和增字法将关键词转化为图像的。“中心图”由中心联想到飞镖的靶中心；由“主干”联想到树的树干；“分支”一词被谐音成“芬达汁”；“总体”一词通过增字法想到“总体重”，用体重秤来表示；“项目”一词转化为“象木”，呈现出的是大象用鼻子卷木头。

在各二级分支中将“思维”和“技巧”分别转化为表情各异

的“大脑”和游戏“筷子投瓶”的小图标，大脑表情的变化是想要体现绘制导图好比一次挑战，最终成功后会令人喜极而泣。

在各三级分支中，将分数相同项进行归类整合，并通过象形法和谐音法将具体分数转化为图像，赋予数字生命力，如“1 分”是“树”,“4 分”是“旗”,“6 分”是“勺子”,“10 分 ”是“棒球”,“15 分”是“鹦鹉”，等等。

在导图右上角有一个“猪蹄”的图标，它表示的是“主题”。主题是一个抽象词，不易被记住，谐音转化为猪蹄后会给人留下极深的印象。在导图评分中，多次出现“图文并茂”的得分要点，该学员都将它简化为“平躺的 8 字”图标，表示“图文”的结合。此外，对于不易拆分的三个字以上的关键词组，则可采用“指示

图 3.14 思维导图评分标准 1（150 分制）（绘图：赖良城）

木牌”“卷轴”等形式进行艺术化处理，这样不违背关键词法则。图像的转化及运用，一是简化，二是助记，三是有趣。

逻辑结构角度

图 3.15 的中心图是一位手拿法槌的法官，他象征公平正义，展现了“思维导图评分标准”的权威性。

整幅图按照“思维导图评分标准”的内容，分成了五个部分，前四个部分都是从思维和技巧两方面入手，将同分值的项目归纳到一起，并将分数拟人化，增加了趣味性（通感）且有助于记忆。

图 3.15　思维导图评分标准 2（150 分制）（绘图：王鲲）

图 3.16 是我于 2016 年在新加坡参加世界思维导图锦标赛时

图 3.16　围绕“构建思维导图”的思维导图（英文版）

的参赛作品，我因此获得了 2016 年世界思维导图锦标赛“全球总冠军”。我当时可以说是“裸考”，根本不知道会有什么评分标准，只是凭借自己多年绘制导图的经验创作了这幅关于思维导图的作品。出乎意料的是，我受到了导图发明人博赞先生的高度赞誉，并拿到了有史以来的最高分数。这幅作品如今也被收藏在他于 2018 年出版的新书《思维导图完整手册》① 里。

在我参加完比赛并积累了大量关于评分标准的经验后，我开始指导我的学生严格按照博赞先生制定的“思维导图评分标准”来绘制思维导图。

图 3.17 是我的学生、年仅 15 岁的陈虹宇的参赛作品，他是 2017 年世界思维导图锦标赛的总冠军。我们一起来看看他的创作思路。

> 这幅思维导图的主题是“我和思维导图”。首先，我在构思这幅导图的时候，想到的是按照时间顺序来展开创作。右上角的大纲主干就是我和思维导图的邂逅，里面包括我当时对思维导图的第一感觉和一些基本的应用。接下来按照顺时针方向看，在下方的这条大纲主干表现的是我在思维导图应用方面的快速提升，这里讲了我把导图用在了哪些学科的哪些方面，其中包括语文的古诗词背诵、数学概念的总结、物理和化学实验的梳理。接下来就是我在学习导图绘制的过程中遇到的“高原期”。当时我的导图

① 《思维导图完整手册》中文版已由中信出版集团于 2018 年出版。——编者注

绘制水平并没有大幅提高，学习成绩也并没有比以前用老旧办法提升快。在这个时候，刘艳老师走进了我的导图世界，就像导图走进我的世界那样，悄无声息，但却改变了我的一生。她像良师，如益友；若灯塔，似北斗。她一直指引我前行，冲出迷雾，甩掉迷惘，让我的导图绘制水平迎来质的飞跃。再下一条大纲主干是关于我的蜕变。我不仅在技术的掌握上达到了一个新的水平，而且应用的领域也从学习拓展到了生活中的方方面面，包括活动筹备、旅游预算等。再往后的一条大纲主干是我的现状。我的导图学习过程就是一个3A过程：accept（接受），adapt（转化），apply（应用）。最后一条大纲主干是我对思维导图在中国的发展前景的美好希冀。中国曾经错过了改变世界的工业革命，我不希望我们再错过这场脑力革命，所以我想在未来大力推广这个工具。

再来说说创意方面。我的中心图是一个绅士把帽子摘下来打招呼，他给人以亲切的感觉。而他的大脑中的灵感也在瞬间迸发了。我的第二条大纲主干是铁轨，因为火车是人类交通工具发展史中的一个重要的阶段，就像我在导图学习过程中的那个阶段一样。再下面那条大纲主干有很多条路，就像李白所写的“多歧路，今安在”。最后一条大纲主干是中国的古城墙，因为这条分支是思维导图在中国的发展，所以我用了中国的一些传统符号来表达。

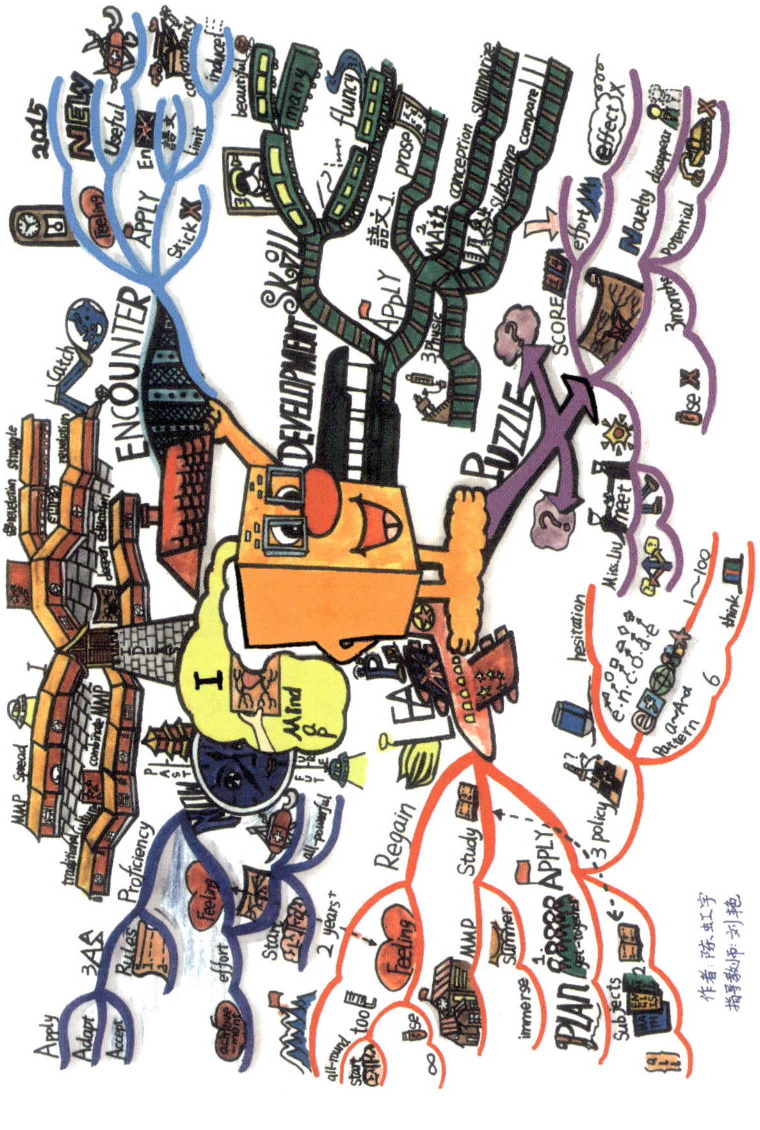

图 3.17 我和思维导图（绘图：陈虹宇）

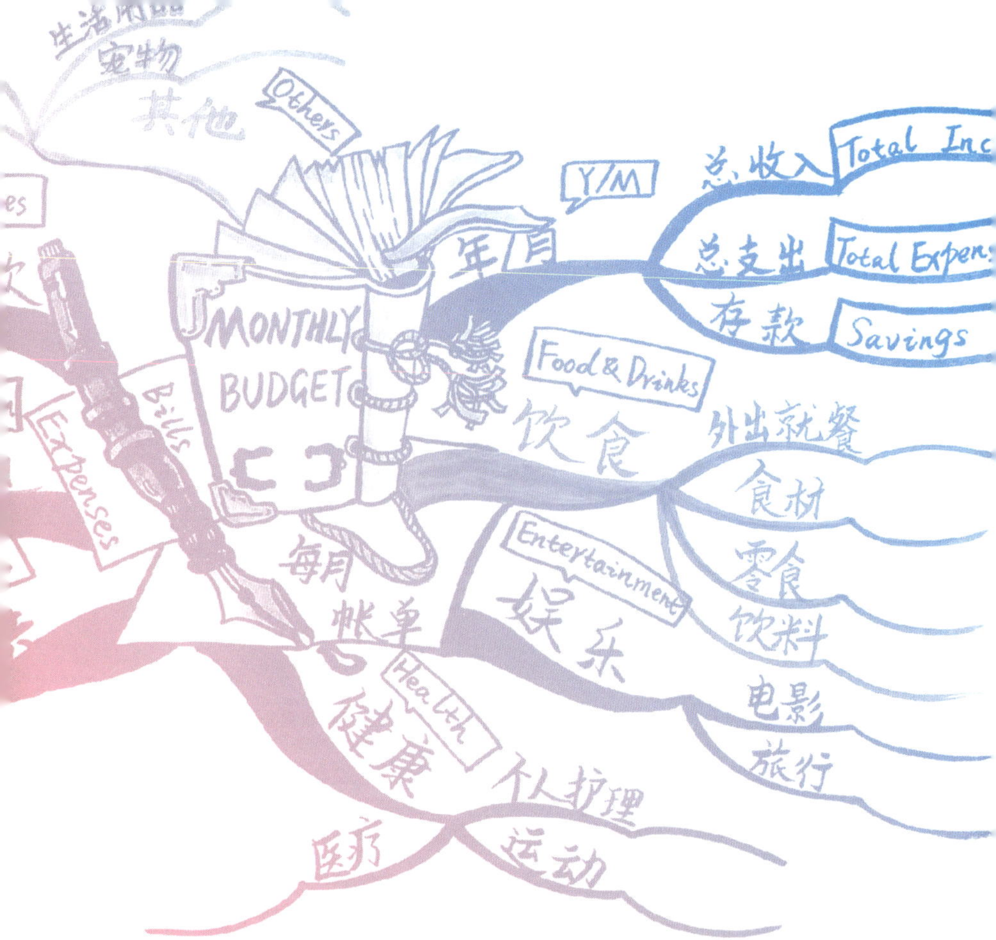

第四章

怎样使用思维导图？

学习篇

/// 高效笔记整理术 ///

从小学开始，老师就要求我们在课本上画重点。我们画重点的方式基本上就是拿着一支荧光笔和一把尺子。当听到老师说“这里是重点”时，我们的第一反应就是赶紧拿出“装备”画下来，一定会考！于是我们就把老师说的这一段内容全部画了下来。但是，随着我们年龄的增长，你有没有思考过，画重点的目的是什么呢？画重点的目的应该是复习时能够直接找到重点，从而节省时间。然而，我们只是把一句句、一段段所谓的重点全部画下来，没做其他处理，那跟没画又有什么区别呢？

传统的线性笔记是这个样子的：

（1）笔记本上写了密密麻麻一大串文字，尤其是听课笔记。写听课笔记是很慢的，很容易出现只顾着记笔记，而忘了“听懂”这个重要的环节，导致出现漏听部分内容的现象。

（2）文字信息一行挨着一行，临时想要插入补充内容却不知如何放进去，因为没有空间可写。

（3）温习笔记时，长篇文字容易使人产生视觉疲劳，出现走神的情况。
（4）以后在笔记中找重要数据时，文字量太大，短时内根本找不到要点。

传统的线性笔记只调动了左脑的功能，而导图笔记运用的是全脑思维；线性笔记是纯文字式的，容易让人走神，而导图笔记一般是图文并茂式的；线性笔记是逐字逐句排列，信息量大，未经整理，使人短时内不容易抓住重点，而导图笔记是“一线一词”，容易延伸出新的内容，核心的一点在于，导图笔记是对信息的二次提炼，是经过整合的，从而能达到快速回忆、持久记忆的效果；导图笔记层次分明，易了解、易复习、易保存，美观度高；线性笔记是纯黑色的，看上去非常呆板，而导图笔记的颜色和图像使整个笔记看起来非常有趣。这就是传统的线性笔记和思维导图笔记的区别所在。

图 4.1　导图笔记 vs 线性笔记

方法介绍

我们在平时的工作、学习中要想回忆旧知识并建立自己的知识体系，首先要了解记忆的三个阶段，它们分别是：编码、存储、检索。更为有趣的是，这三个阶段正好和思维导图高效笔记法的各个阶段相对应。

编码——找重点　拿到一篇新的信息资料时，我们要快速浏览其大致的内容，初步划分“类别模块”，也就是分段，并且用笔标记出核心关键词。

存储——理关系　接着要把标记出的核心关键词之间的逻辑关系用线条层级梳理清晰，看看它们是总分、并列、递进、因果当中的哪种关系，再根据相应的逻辑架构放到线条上。

检索——添图像　最后我们要整合这篇信息资料的逻辑架构，重读自己绘制的思维导图笔记，按图索骥，回忆标记的核心信息，在没有回忆出来的内容旁边添加图像语言，例如小插图、小代码，它们可以帮助我们加深印象，巩固记忆。

对职场人士而言，这是一个比较高效的笔记整理体系：先捕捉核心信息，然后通过思维导图这个全貌体系来储存知识，这样以后在需要时就可以随时快速提取出来了。

｜案例｜

便笺学习法七步骤[①]

第一步，确定你要读的是致用类的图书，这是拆书法的适用边界。确定你读这本书的目的是为了提升自己某方面的能力，解决具体的问题，并能在实际工作和生活中用上。

第二步，要求自己用较快的速度阅读，遇到书中的理论、建议、观点或较难理解的地方时，先问自己一个问题：这对我有多重要？如果这些只是在原书的知识体系中很重要，而对我并不重要，那就省下一张便笺。如果对我重要或有用，则放慢阅读速度，细读相关内容。

第三步，在 I 便笺上用自己的语言简要重述相关信息，也可以总结自己得到的启发、有价值的提醒。写好后贴在相应的书页。

第四步，针对书中的某个信息，问问自己有没有相关的经历，是否听说或见到过类似的事情，写在一张 A1 便笺上，贴到 I 便笺旁边。

第五步，规划今后如何应用。尽量先考虑应用的目标，再写下达到目标应实施的行动。写在一张 A2 便笺上，也贴在书页上。

第六步，在贴了便笺的书页旁，贴一张指示标签。提醒自己这一页有自己的学习资料。

第七步，看完一本书后，把所有的 A2 便笺拿出来贴在冰箱或墙上，提醒自己落实行动。

---

① I、A1、A2 分别代表三种不同颜色的便笺。第一类拆解（I）：用自己的语言重述信息。第二类拆解（A1）：描述自己的相关经验。第三类拆解（A2）：我的应用（目标与行动）。此部分内容选自《这样读书就够了》。

第一步：编码——找重点。

我们可以将这篇文章按照 7 个步骤划分为 7 个部分，首先用红笔标出每部分的核心词（见下文分析）。

接下来，拿出一张 A4 的白纸，在白纸中央画出中心图。我画的这个中心图是“便笺学习法”的发明者赵周老师，他手里拿着指挥棒，正在和大家分享如何使用 I、A1 和 A2 便笺。

第二步：存储——理关系。

第一步，确定你要读的是致用类的图书，这是拆书法的适用边界。确定你读这本书的目的是为了提升自己某方面的能力，解决具体的问题，并能在实际工作和生活中用上。

STEP 1：我们先要将关键词之间的逻辑关系梳理清楚。这段内容可以分为两层，分别讲的是适用边界和目的。“目的”后面接的是并列关系的三个动词：提升（向上箭头代替）、解决、运用。也就是说同级别的词性最好一致，便于我们记忆。具体如下图所示。

第二步，要求自己用较快的速度阅读，遇到书中的理论、建议、观点或较难理解的地方时，先问自己一个问题：这对我有多重要？如果这些只是在原书的知识体系中很重要，而对我并不重要，那就省下一张便笺。如果对我重要或有用，则放慢阅读速度，细读相关内容。

STEP 2：这部分讲的是阅读速度，分为“较快”和“放慢”两层意思。“整体”这个关键词是我自己总结的，代表整体的阅读速度应该是偏快的。（为了更好地理解原文，在绘制思维导图时，有些地方可以用原文没有的关键词。但如果是为了背诵，最好还是不要这么做。）前面讲过，递进关系的线条最好保持在 5 条以内，所以在这部分，我直接用了问号和红五角星来表示“问题”和“重要”这两个关键词。具体如下图所示。

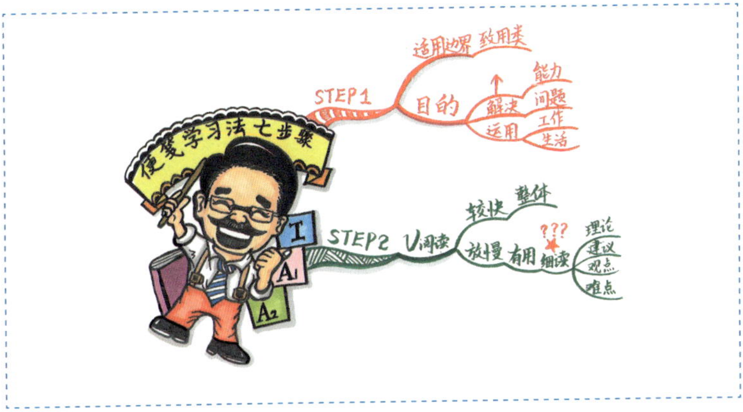

第三步，在 I 便笺上用自己的语言简要重述相关信息，也可以总结自己得到的启发、有价值的提醒。写好后贴在相应的书页。

STEP 3：这部分讲的是如何使用 I 便笺，分为两层意思：“简述”和“总结”。“简述”强调要“用自己的语言”，笑脸代表自己；“总结”可以是“启发”，也可以是“有价值的提醒”，“价值”用金钱符号表示。具体如下图所示。

第四步，针对书中的某个信息，问问自己有没有相关的经历，是否听说或见到过类似的事情，写在一张 A1 便笺上，贴到 I 便笺旁边。

STEP4：这部分讲的是如何使用 A1 便笺，针对某一信息，从经历和事情两方面来思考。具体如下图所示。

第五步，规划今后如何应用。尽量先考虑应用的目标，再写下达到目标应实施的行动。写在一张 A2 便笺上，也贴在书页上。

STEP5：这部分讲的是如何使用 A2 便笺，主要内容就是应用，应用又分为目标和行动两方面。具体如下图所示。

第六步，在贴了便笺的书页旁，贴一张指示标签。提醒自己这一页有自己的学习资料。

STEP6：“指示标签”可直接用图像来表示，更加直观明了。具体如下图所示。

第七步，看完一本书后，把所有的 A2 便笺拿出来贴在冰箱或墙上，提醒自己落实行动。

STEP 7：这部分中的冰箱和墙直接用图像表示，上面贴满了 A2 便笺。具体如下图所示。

第二步：检索——添图像。

图 4.2 便笺学习法七步骤

画完整幅导图之后，尝试一下不看这幅导图笔记，在脑中回忆整篇文章的内容。回忆完毕后再来看图，在图中标记被遗忘的信息，以起到提示和助记的作用。

比如第一步中的“适用边界”，如果在刚才的回顾中没有想起来，可以在旁边添加一个边界线的小图像来加深记忆；比如“阅读速度”，可以画一本有眼睛和速度符号的书来标记；比如“启发”，可以用灯泡表示；“应用”用扳手表示。

除了在易忘的地方添加图像，在一些容易混淆的地方也可以用图像来做解释说明，比如，“相关”和“类似”，“相关”用圆连接其他平面图形的画面来解释说明，“类似”则用两个相似的圆来表示。

图中出现了三个“提醒”，所以画上带叹号的红三角来标明重点内容；两个“行动”用脚印表示；“目标”和“目的”有一定的关联性，所以都用靶子来标注。

比较一下，以上两种画重点的方式，哪一种效率更高呢？当我们画的重点变少了之后，信息吸收突然轻松了许多，而且少画的部分并不会影响我们对内容的理解。

原文四百多个字，而思维导图只有八十多个字，你更喜欢哪种形式呢？当然是字少的、结构清晰的思维导图了。对比之后，思维导图的信息负荷量降低了，结构更容易理解、吸收和记忆！

/// 框架阅读法：如何做读书笔记？ ///

你有没有发现，我们读过数百本书之后，大部分信息都随着时间的推移，慢慢地被遗忘了。原因其实很简单，我们只是把内容挪了个地方，并没有深入地将其吸收和内化。

要读懂一本书，最重要的在于熟悉其框架结构。思维导图是处理信息的高效工具，它能帮助我们筛选出有用的信息，并将这些信息整理存档，将散落的知识点整合成一个完整的知识网络。用思维导图做读书笔记，简单来讲就是获取信息—提炼精华—内化知识—实践应用的过程。

读书笔记的两种类型

结构式

特征说明：

这种类型的图书，各个章节之间的结构非常清晰。

绘制方法：

中心主题——选择封面或与书名内容相关的图像表示。

大纲主干——这种书结构分明，可以直接把章节当主干。

主题式

特征说明：

这种类型的图书，各个章节之间的顺序是打乱的，或者有的章节是由几个小故事或小案例构成的，章节结构并不分明。适用于阅读目标明确，由小故事或小主题组成的内容。

绘制方法：

中心主题——选择你感兴趣或有需要的学习目标为中心主题，也就是说，以你的兴趣点或需求点为中心主题。

大纲主干——将书本各章节中与这个中心主题息息相关的内容进行整合。

用思维导图做读书笔记的过程，就是大脑自我输出的过程。在输出读书笔记时，我们不能只是抄书上的原文，而是要有自己的观点和独特的感受，这个过程也是自身的知识水平和认知水平不断升级的过程。如果我们想真正地理解某个知识点，必须经历一些知识再创作的过程，否则很难理解该内容。所以我们在画一本书的思维导图读书笔记时，一定要把自己的观点和想法融于内容中，这样的读书笔记才更有价值和温度。

绘制读书笔记的步骤

步骤一：明确目的，统观全局。带着问题快速浏览相应内容：封面、序、目录、后记、封底。

步骤二：快速浏览，标记重点。快速浏览书的主要内容，重点关注每个章节的开头和结尾、大小标题、图表、插画，以及一些核心的关键词，并用彩色笔将其标注出来。

步骤三：精读重点，绘制导图。根据自己的阅读目的，精读核心内容并整理成一幅添加了自己理解的内容和观点的思维导图。对于特别重要的知识，可以单独拿出来画一幅"迷你导图"。

步骤四：学以致用，知行合一。掌握所画思维导图的核心要点后，要在工作、学习、生活中多实践、多应用。一个人学习能力的高低，并不取决于读了多少本书或是看过多少篇文章，而是取决于他所拥有的知识是否能通过快速关联被真正灵活地应用。要通过思维导图定期对自己掌握的知识进行审视，问自己：如何将这些知识纳入我已有的知识体系里呢？要尝试多用思维导图把这些知识画出来，重建知识结构，丰富知识网络。你会发现，你的大脑会不断地升级，你的视角也会常用常新。

很多时候，我们往往急于"把书看完"，或者习惯于传统教育"被动灌输"的思维，一心埋头于书中去寻章摘句，而忽视了一些想法的价值，任由它们转瞬即逝，这实在是舍本逐末。运用思维导图绘制读书笔记的好处是，导图里面绝大多数的核心关键词都是你在读书时闪现出来的思维碎片和灵感，而不是书中的知识点。说得再通俗些，这就是收集想法的过程，是真正的主题式阅读。

下面我以"主题式"阅读为主要讲解内容，让我们来共同阅读《番茄工作法图解》这本书。

图 4.3 就是根据我自己的阅读目的，也就是阅读的需求画出来的。这幅思维导图的中心图是一个打开的番茄钟，里面放着和工作

有关的画笔和直尺，寓意我的阅读目的是“学会使用番茄工作法的操作要领”。根据阅读目的，我把这幅思维导图分为三个部分。

第一部分，概述。我把这本书中关于番茄工作法的重要信息进行了整理。

第一分支：番茄工作法的发明者是意大利人弗朗西斯科·西里洛。我画的这本书的作者是瑞典人诺特伯格，他是番茄工作法的深度爱好者、实践者，他把自己对番茄工作法的研究和使用心得整理出来，写成了今天我们看到的这本《番茄工作法图解》。

第二分支：用一句话对番茄工作法进行描述。列出每日工作任务，并将其分解为一个个 25 分钟的任务，然后逐个完成。

第三分支：两大作用。

（1）帮你专注地完成任务，实际上就是帮你掌控生活。

（2）能够让你更加高效地完成任务。

第四分支：价值。番茄工作法的价值在于它简单、实用、好操作。

第二部分，做法。即如何执行番茄工作法。

（1）前期准备。

准备环节要做两件事：一是列出今天必须完成的任务；二是预估每个任务要用多少个番茄钟，以番茄钟为单位进行统计。

（2）中期执行。

① 专注于工作。

无论是内部打断还是外部打断，番茄工作法都着重强调要保证在 25 分钟内专注地做同一件事情。

内部打断：被自己的念头和想法打断。解决方法是将这些想法列入待办清单，无须立即去做。

外部打断：被外界因素打断。用告知、协商、计划、答复四个步骤去解决。

还有就是在专注工作这个阶段要多让自己处于“心流”时刻。“心流”时刻是人们全身心投入某件事的一种心理状态。人们处于这种情境时，往往不愿被打扰，抗拒中断。“心流”时刻被打断后，重新进入“心流”时刻，需要 10~15 分钟。

② 休息。

番茄工作法特别强调休息的作用，学会休息才能形成工作和休息之间的节奏感，保证大脑有精力完成后续的番茄钟。高效工作的大脑会丧失全局思考的能力，所以一定要休息好。

完成每个番茄钟之后要保证休息。休息的两个建议：一是休息的时候尽量不要动用脑力思考，所以直接用画叉的大脑直观表示，我们可选择冥想、睡觉、喝杯咖啡等；二是尽量让自己的休息形成节奏感，我们称之为“节律”，即 25 分钟的专注，然后是 5 分钟的休息。

（3）后期回顾。

将预估的工作时长和实际的番茄钟进行对比，找出差距和原因，把经验和总结应用到下一次的番茄工作法中，持续改进。

第三部分，感悟。即番茄工作法带给我的感悟。

（1）从设计的角度看，它用倒计时的方法巧妙地调动了人们的紧迫感，提升了专注力。

（2）从学习周期的角度来看，一个倒计时番茄钟时间和一段休息时间相配合，有助于大脑的专注思维和发散思维的交替使用。

（3）从学习视角看，番茄工作法的原理来自戴明循环理论，也就是 PDCA 理论。

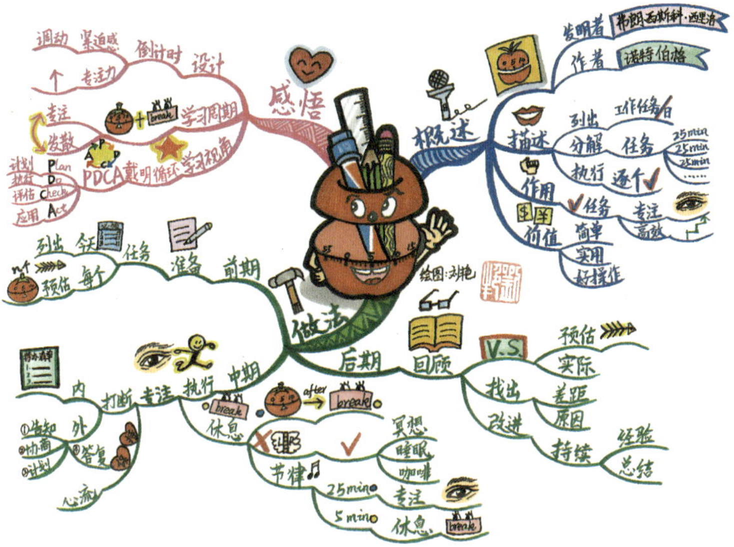

图 4.3 《番茄工作法图解》读书笔记

图 4.3 就是我根据我的阅读目的“学会使用番茄工作法的操作要领”来绘制的思维导图。《番茄工作法图解》这本书所要呈现的核心内容和我阅读后的一些感悟全部被呈现在了这幅思维导图中。在这幅导图中的感悟部分“PDCA 戴明循环”上方，我画了一个红色的五角星，因为它是番茄工作法的原理，所以需要我重点了解。于是我就把这个小主题单独提取出来，画在一张新的白纸上，成

为一幅“迷你导图”。我们来看这幅“迷你导图”（见图 4.4）。这幅思维导图的中心图是“PDCA 戴明循环”，中间是一颗红五角星，表示它是对上一幅总图中画红五角星部分的延续说明。

戴明循环理论，也就是 PDCA 循环，又叫质量环，是管理学中的一个通用模型。它最早由休哈特于 1930 年构想，后来在 1950 年被美国质量管理专家戴明博士再度挖掘，并加以广泛宣传，运用于持续改善产品质量的过程。在 PDCA 中，P 是 Plan（计划），D 是 Do（执行），C 是 Check（评估），A 是 Act（应用），也就是不断地制订计划，实施计划，反馈检查，改进完善，再制订改进后的新计划，这是一个不断完善和自我进化的过程。这幅思维导图被我划分为三大部分：“概述”“步骤”“番茄钟”。我们可以具体参照图 4.4 来看一看。

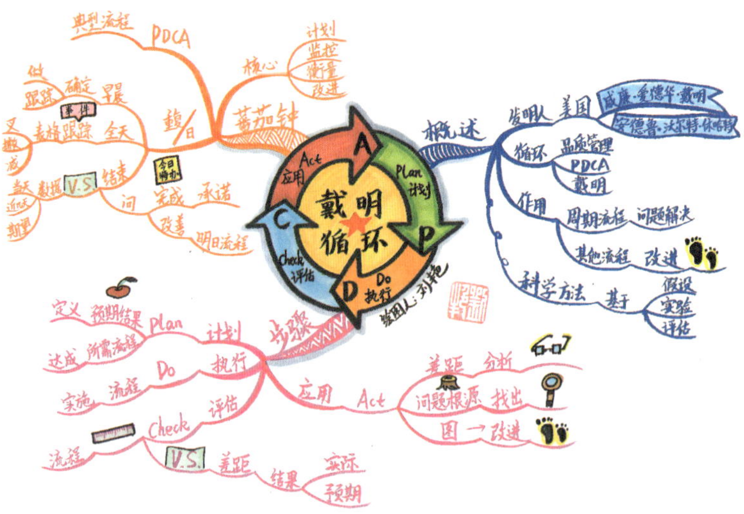

图 4.4　迷你导图“PDCA 戴明循环”

我们在用思维导图做读书笔记的时候，在一页纸不能完全把你想要表达的内容全部呈现时，你可以采用“迷你导图”的形式，在一张新的白纸上进行补充说明。

学员作品案例

“互联网 +”时代，人们不停地忙着和时间赛跑，压力成瘾、“过劳死”、透支精力……仿佛人人都是超人，却忘记了我们的精力其实是有限的，需要休息、恢复和再生。《精力管理》这本书的作者吉姆·洛尔和托尼·施瓦茨从与职业运动员的合作中总结经验，指出我们的精力分为体能、情感、思维和意志四个维度。全情投入精力管理训练，能帮助我们在工作和学习中取得上佳表现，

图 4.5 《精力管理》读书笔记（绘图：杨景涵）

为生活注入不竭的动力和热情。改变思维、简化生活、制订计划、确立目标、健康饮食、坚持锻炼，顺应自然生命运动的节奏，就可以全情投入工作和生活。

“记忆结”是一篇读书笔记，来自《认知天性》中的第二章——“学习的本质：知识链和记忆结”。文章开头第一段就说：“孩子用绳子把蔓越莓穿起来做项链，挂到树上后却发现蔓越莓从绳子的另一端掉下来了。不打结，就做不出绳串。”人的记忆也是，“检索给记忆这条绳子打了结。重复检索能让记忆更清透，而且它把记忆这条绳子又缠了一圈，使其变得更牢靠”。[①] 因此图 4.6

图 4.6 《认知天性》阅读笔记“记忆结”（绘图：王鲲）

① 该段引用出自《认知天性》，作者为彼得·C. 布朗、亨利·L. 罗迪格三世、马克·A. 麦克丹尼尔。该书中文版由中信出版集团于 2018 年 9 月出版。——编者注

的中心图画了一个小朋友手里拿着一根绳串儿。这篇读书笔记分为五个部分，是为了解答“为什么我们会很快忘记一些知识，以及用什么方法可以做到记住我们想记住的知识”。用思维导图做读书笔记，其效果显著的关键在于：一是关键词和插图的联想作用可以加深记忆；二是导图可以帮助归纳整理阅读时得到的信息；三是导图可以作为唤醒记忆的线索，引发大脑展开回忆和联想。

书不只是用来读完的，也是用来查信息的。大多数情况下，我们之所以阅读效率低，是因为我们高估了自己的吸收能力。我们只是看到了、理解了，但是并没有真正将它进行转化，因为转化所需的资源远远高于识别和理解。最好的方法就是以问题和目的为导向，只关注那些相关的内容，从而集中优势资源，专注于理解、消化它们。

| 窍门分享 |

最后给大家提供一个画导图读书笔记的小窍门：如果是平时自己读书时用，可以画“素色版”的思维导图，日后复习的时候再上色，因为上色的过程就是对这幅导图的内容进行一次再记忆的过程；如果是作为展示来用的话，可以画得图文并茂，更精致一些，这样你在分享给别人时，别人才会愿意去看、去思考、去欣赏、去保存。看看图 4.7 中的两幅导图，你就明白了。书的名字叫《远见：如何规划职业生涯 3 大阶段》，一幅是给自己看的，一幅是展示给别人看的。

无论是思考、理解，还是学习，但凡想真正实现个人的提升，都离不开知识网络的力量。那么，用思维导图进行阅读就是一个非

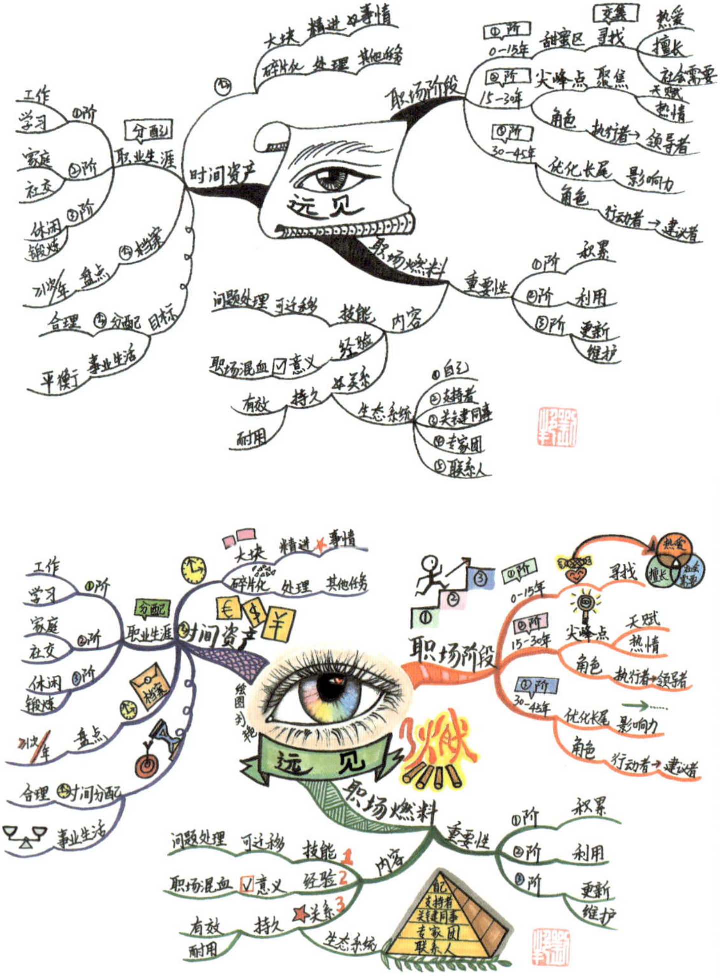

图 4.7 《远见》读书笔记

常好用的方法。正所谓“博观约取，厚积薄发”，没有平时大量的阅读储备和积淀，实现个人提升是无从谈起的。用思维导图做读书笔记就是一个不断迭代和升级认知的过程。你画出一幅思维导图，不是为了把它放在那里使它布满灰尘，而是要用它来指引道路。用思维导图做读书笔记需要以一种活跃的心态，跟作者做思想博弈。在这个过程中，我们所思考的东西，所得到的灵感、联结和想法，就是读书中最宝贵的收获。我们要通过思维导图建立自己的知识体系的有序结构。我们学习知识不是照搬，而是要看我们的背景和需求是什么，需要解决什么问题，再从中抽离它们的精髓和骨架，重新进行组织结合，塑造出一套最适合自己的思维模型。通过这种方式，你才能为所学的知识赋予意义和价值。

/// 训练听记导图 ///

听记是信息的过滤器，对我们的注意力、记忆力和理解力是很大的考验。听记本身也是一种心理素质的体现。需要我们具备顽强的自控力，全神贯注地听，甚至对于有些含糊不清、枯燥无味的讲述，也要沉得住气，听得进去，听得明白。

听记导图指的是运用思维导图的形式在动态语境中做笔记。听记导图包含讲座（课堂、会议、沟通）和音视频两大类别。绘制听记导图最重要的目标是更好地理解所听的内容，如果忘了这个目标，笔记做得再漂亮，导图画得再标准、美观，也是本末倒置。

作为连续两届世界思维导图锦标赛中国队的总教练，我平日帮助选手训练时，基本采用的是以下两大训练方式。

方式一　**悄语听辨**。选择一段音频或视频，降低音量，用 15 分钟一边听一边用导图记录，形成第一稿思维导图，又称感知图。再放第二遍，复听对照听记导图，形成第二稿思维导图，又称精细图。

方式二　**快语听辨**。加快语音的播放速度，力求听清每一句话，一边听一边用导图记录，形成第一稿思维导图（感知图）。听后根据听记思维导图复述其内容，看是否准确、完整。

图 4.8 是当代著名作家林清玄在《开讲啦》节目演讲的视频的听记导图。

第一稿（感知图）是随着视频的播放，实时绘制的。按照播放的顺序，林先生通过“信件”和“家庭”两个故事引出观点，然后依次谈了自己的三个梦想，随后解读了“穷人的宝藏”，最后升华到“幸福的开关”。在绘制之前，因为导图绘制者对《开讲啦》略有了解，每场演讲大约 15 分钟，所以可根据视频时长，灵活把控布局。

在绘制第二稿（精细图）前，依照着这份思维导图初稿（感知图），从头至尾回顾一遍，对重要的案例和观点要进行非常清晰的展示。排查无问题后，开始第二稿（精细图）的绘制。

感知图

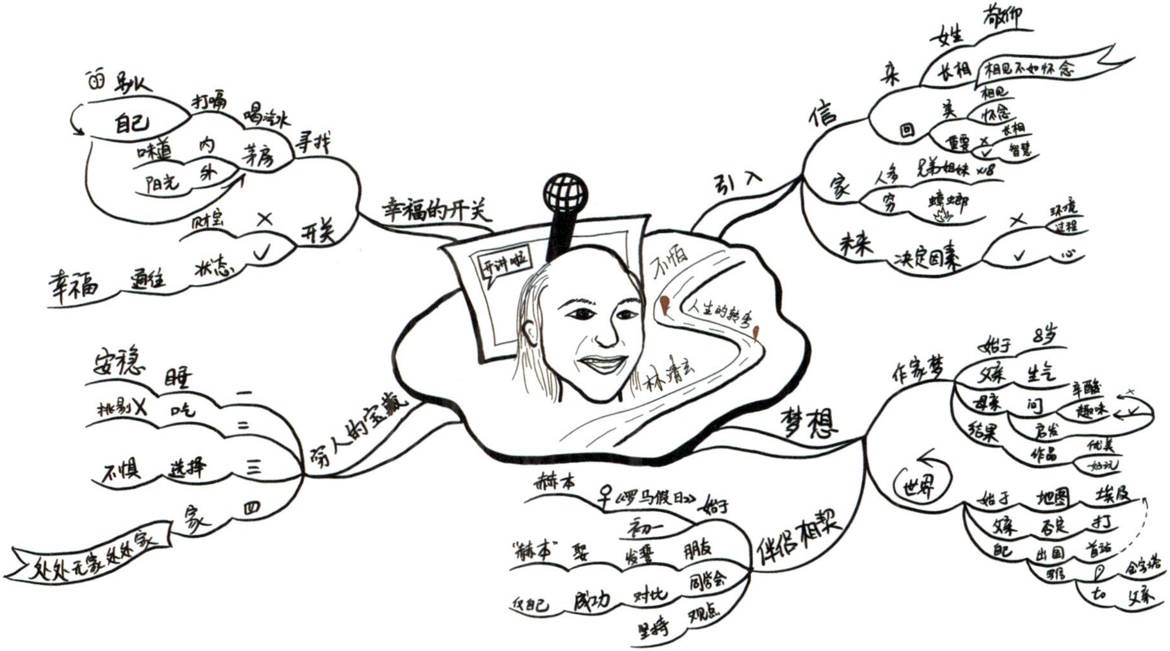

图 4.8　林清玄《开讲啦》节目视频导图 1（绘图：袁浩）

精细图

图 4.8 林清玄《开讲啦》节目视频导图 2（绘图：袁浩）

首先，中心图要依照初稿进行完善，突出“林清玄”“开讲啦”“演讲”“路”“转弯”这几大元素。然后，依次把初稿的各板块内容认真地绘制一遍。最后，在重点的地方标注关键图：在图中“是”“否”方面，用红色的√和×突出观点；在更重要的地方，用图示化的方式记录观点，加深印象。比如在最后一个板块“幸福的开关”之后，林清玄说“幸福的开关是你要打开心里的那种通往幸福的状态”，画出“通往幸福之路”这一幅小插图，有趣且突出。

听记时还有一个很好的方法，就是我们可以根据视频的特点预先设定主干模式；也可把大纲主干上关键词的位置留白，待听记完一定内容后进行阶段性总结时，再用一个关键词概括出刚刚听记过的内容。我大致把听记导图分为以下四类。

（1）内容记录型——全面记录核心内容。

图 4.9 是我在听一次企业管理课上做的课堂听记，这幅思维导图的中心主题是“最佳雇主”。这堂课重点讲的是最佳雇主在组织管理、薪酬福利、培训发展、工作环境、雇主形象、品牌战略 6 个维度中的 18 个特征和所占权重。这类思维导图只记录讲解的核心要点，其余信息可全部省略。

（2）要点框架型——只需记录大纲框架。

“Petit Prince”这个名字源于法文中的“小王子”。图 4.10 是在概括《小王子》这段有声故事音频的内容框架。中心图是卡通版的小王子。

这段音频分为 5 个部分，分别是初识（ACQUAINTANCE）、B612、飞行（TRAFFIC）、地球（EARTH）、离开（LEAVE）。

图 4.9　企业管理听课笔记——最佳雇主

第一部分是由一个飞行员的童年开始写起的。那是一段探索未知的过程，所以用一只看“UNKNOWN”（未知）的放大镜来表示，并故意隐去其中的两个“n”。由于那位飞行员长大想去世界各地探险，于是他成了一名飞行员。他驾驶着飞机，享受着风在耳边呼啸。不幸的是，在飞越沙漠时，飞机的发动机出现了故障，在图上用带有“Accident”（事故）字样的警示条连接着一台发动机来表示。正因如此，飞行员遇见了小王子。

第二部分是小王子和飞行员讲述了 B612 行星。爱看日落的小王子一天最多可以见到 43 次日落，他每天的工作就是清理猴面包树苗，防止它们长大，因为那会让他的星球被撑爆。那上面当然也是生长着小花的，它们美丽、纯洁。但有一朵玫瑰，也是仅有的一朵玫瑰，它比别的花更加美丽、更加纯洁。当然，它更是害羞的。

第三部分讲的是有一天，小王子开始了他的旅行。图中用飞机承载着“TRAFFIC”（交通、飞行）。这是一架蓝、白、红相间的飞机，借鉴了法国国旗的颜色。小王子拜访了崇尚权力的国王、独爱赞美的虚荣者、充满矛盾的酒鬼、只在乎利益的冰冷商人、点灯人与学者。其中，他最爱点灯人了，或许是因为他身上的那份呆板的“完成任务”的气质。但更多的是，在那个星球上，一天可以看 60 次日落。

第四部分是小王子来到了地球。他在这里看到了干燥、陡峭的山脉，众多但空虚的玫瑰，无根的人们也总是无谓地忙碌着。一个没有“树根”的人依靠着玫瑰，手中还拿着“BUSY”（忙碌）标语牌，那只有一片黄叶的玫瑰也是空虚的。他还意想不到地驯

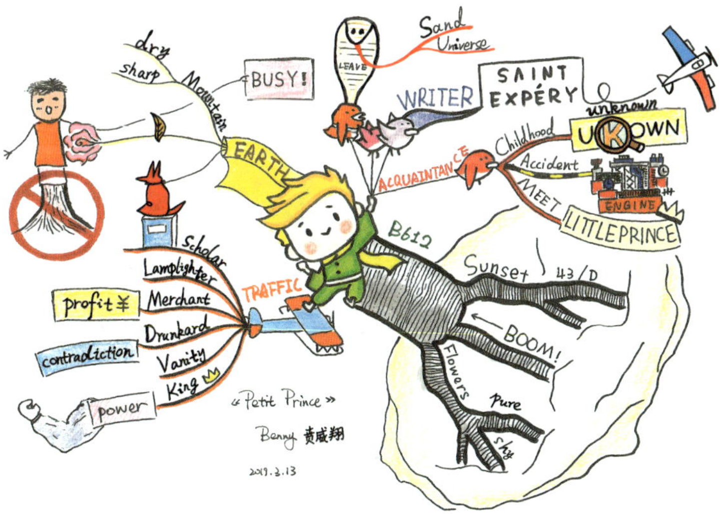

图 4.10 《小王子》（绘图：贲威翔）

化了一只有思想的狐狸。

在第五部分中，小王子还是离开了。他在中了蛇毒后便缓缓地倒在了沙滩上，最终回归宇宙。所以此部分的主干是一条蛇，蛇的红芯子上写着“Sand”（沙滩）和“Universe”（宇宙）。

（3）思考过程型——画出个人对整个听记内容的思考、分析和感悟。

图 4.11 呈现的是罗振宇“时间的朋友”2018 跨年演讲的内容。他通过收集大事、归纳主线、抛出核心观点这样的演讲方式，进行了一场精彩的演讲。经过我自己深入的思考、总结，我据此绘制了一幅凝练版的思维导图，它包含：目标、关键词、扎心五问、方法论和结果五个部分，我将 4 个小时的演说内容整理成了一幅带有分析、思考、感悟的思维导图。

图 4.11 “时间的朋友”听记导图

（4）知识延展导图——画出相关背景、拓展知识，以及联想到的相关内容。

图4.12的中心图是绘制者依照我的名字“刘艳”谐音联想而来的。

刘＝流动，艳＝艳阳天。在这两个主题的基础上，出现了宇宙和酒杯的图案。

酒杯意味着长长久久。为了保持一种清新的风格，于是绘制者画了吸管和绿色植物。同时，他给酒杯配上了一个跳舞的精灵，精灵在杯沿上轻快地行走，增加了一分神秘感。

这幅图的绘制者分别从策划、心理学、艺术、写作四个维度对我的讲解内容进行了相关的知识延展。

策划维度　例如，在我讲到九宫格和人生规划的思维导图中，涉及了如何平衡工作、休息、学习、财务、健康等方面的信息。于是，绘制者就尝试从策划的角度来进行分析，由此，他结合了《孙子兵法》中的“道、天、地、将、法”来进行知识的延展。

他认为：道，即创造、目标、自然（用“树”表示）。所谓“道法自然”“大道归一”“道生万物”，就是在讲这三点。天，即天时。现在是移动互联网时代，信息大爆炸带来了认知的革命，我们需要有用思维导图驾驭复杂信息的能力。地，即地利。在中国这片土地上进行创造力训练需要思维导图工具，同时，目前中国使用思维导图的人数也是全球最多的。将，即人才素质。一个人对自知和自制两大方面都要有思考。法，即导图绘制法则和传播法则。

心理维度 绘制者本人感受到了我在思维导图方面的独立心、爱心、恒心和同理心。画一幅清楚明白、言简意赅、图文并茂的思维导图，就是一种对读者的关爱。独特的思维导图风格、大量精美的思维导图，体现出了独立心和恒心。

艺术维度 他从色、图、词、略的维度做了思考。对颜色的认知，包括从颜色感知、颜色选择到颜色应用。

图则主要讲解了风格和作用。绘图的要点很多，最关键的是确定风格。风味、格调是无声却最具影响力的隐形元素。我的演讲谈到了风格中的“夸张”“拟人”“比喻”等，他就结合丰子恺的“点睛”“象征”“假象”等，这样就很全面地概括了风格的关键点。同时，可以将绘制的风格进一步概括为写实和写意两大类。

关键词则主要从“变”的角度做了深度知识延展。第一，要感知关键词在文章中的不同分类；第二，关键词会在音、形、义等方面发生变化，也需要注意。

绘制方略则是借鉴我的“结构”想法。无论是结构还是方略，都要讲布局谋篇。绘制者想到了借鉴太极阴阳和合的思考方法。所谓“阴中有阳，阳中有阴”，即内核的构成需要结合图像和概念做两面思考，表现的构成也需要结合步骤和目的做两面思考。

图 4.12　思维导图课堂听记（绘图：余祖江）

写作维度 由于我也谈了不少写作经验，所以为了简化内容，绘制者本人进行了相关的整合和重新归纳。他针对写作，先是分为“读书”“模型”“行路”“思考”，然后将“读书”的下层分为“高”“宽”“敏”“境”。

听记的八字箴言（眼明、耳聪、心灵、手快）

“知己” 明确自己想要收获什么。明确自己打算从哪些角度来收获资讯。

“知彼” 事先明确主题，快速了解讲座或视频的模式特点。

眼“明” 用敏锐的眼睛搜寻讲座或视频中的关键词、关键信息，尤其要关注每段的开头和结尾提示语。

耳“聪” 用灵敏的双耳捕捉流动中的声音信息的关键点。要注意连接词的提示，尤其关注开头、结尾等阶段性的提示语，以及反复出现的重点内容。听完整句，要取其全意，提取重点。

心“灵” 用心思考、判断、筛选出关键的信息。尽可能快速地厘清信息之间的逻辑关系，并及时归纳，也可以预定框架模式。用5W2H（When，Where，Who，What，Why，How，How Many/Much）发问，驾驭流动中的信息。

手“快” 在心与耳的引领下，在纸上及时记录关键词，并用线条适当进行层次分类。使用“精、简、准”的关键词、代码记录要点；使用简洁的图像来表达和强调重点；使用数字或字母符号标明次序；分类线条，填充内容；用箭头标注相关信息内容；记录即时灵感、心得体会。

图 4.13 听记八字箴言（绘图：黄丽）

生活篇

/// 制作清单 ///

运用思维导图制作生活清单，通常有三种类型：第一种叫行前清单，也就是旅行或出差前用思维导图整理行李箱的清单方式；第二种叫采购清单，就是用思维导图画要购买的一些物品的清单方式；第三种叫产品清单，就是用思维导图的形式介绍产品种类，类似于产品说明书。

（1）行前清单。

如果你经常旅行或出差，而且没有时间和精力来准备行李，思维导图就是很好的帮手。

图 4.14 叫作“重要物品清单”。每次出门前，我都会在脑海中回想这幅思维导图。我把它归结为“伸手要钱”，具体是什么意思呢？伸，可以谐音为“身”，即身份证；手，手机；要，谐音为“钥”，即钥匙；钱，钱包。这四样重要物品是出门必备，一样都不能少。

图 4.15 是我平日出差经常会用到的行前清单。

我是以物品的属性做的分类。我每次出差前会用不到 10 分钟，按照这份思维导图清单迅速地整理好行李，效率极高。

图 4.14　重要物品清单

图 4.15 的大纲主干是出行前要带的物品类别，内容分支是每个类别需要带的物品。

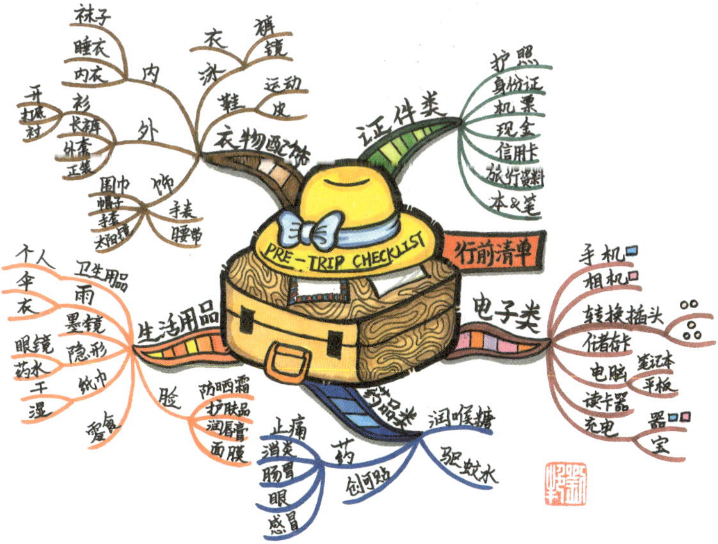

图 4.15　行前清单

我一般会把这幅思维导图复印两份，一份是出发前收拾行李时用，每装一件物品，我就在导图的物品旁边画个钩，直到画满钩为止；另一份是在返程前收拾行李时用，防止物品落在酒店，这个方法是非常有效的，同样也是装一件行李画一个钩。当然，这是我个人的行前清单，每个人出差的行李会有所不同，你完全可以按自己的需求来设置内容。

（2）采购清单。

图 4.16 是我在开自己的导图线下私房课时绘制的采买物资的清单，就是“采购清单”。

步骤一 **选定中心主题：导图工坊采购清单**。选择能代表导图工坊的图像，作为中心主题图像。在这里，我画了一幅自画像，我手里拿着采购清单，代表“导图工坊采购清单”这个中心主题。

步骤二 **设置架构大纲：初步拟定采购物品的大类别**。首先从大方向着手，思考应该准备哪几大类的东西。如果脑中出现细节项目的话，也思考一下，它会被放在商场或超市的哪个区域售卖？在图 4.16 中，我设置了四条大纲主干，也就是四大类的内容，分别是：学员、教师、布置、茶歇。

步骤三 **拓展细节内容：想要购买的物品的中类、小类与细项**。从各个大类中思考中类、小类和细节项目。如果某个东西在别的类别项中也会用到，那么你可以立即跳到另一个类别项，把东西的名称写下来。比如，“纸”这个内容中的 A0 号大白纸，在教师教学时也会用到。所以我赶忙把它补充到了“教师”板块中。

步骤四　**思考彼此的关联：检视不同物品之间是否有关联。**如果发现了有关联的物品，就用关联线指出彼此间的关系，最后在确认购买时可以清楚地看出为什么要购买这个物品，使用时避免挪作他用。比如，垫板和A3、A4纸有关联，垫板是垫在纸下面的，防止彩笔的笔迹染到桌布上。再比如，课程结束后颁发的英国证书和教室里的背景板有关联，因为颁证仪式是在背景板前进行的。

步骤五　**加入重点插图：在一定要买的类别或细项上加插图。**最后在一定要买的类别或物品上加上小插图，一方面有提醒的作用，避免遗漏；另一方面，在预算有限时，也可看出哪些东西不必购买。

具体的做法就是在大类，也就是大纲主干上加上插图，表示这一大类是必买清单。比如，“学员”这个部分，无须在下面的类别分支中再加小插图了，除非是特殊的内容需要重点标注。比如笔，“学员”部分是细笔，画出的是细线条；再去看看“教师”部分的笔，画出的是粗线条。如果某一大类之下有两个中类，只有其中一个必须购买，那么就在那个中类的地方加上插图，比如茶歇后面的饮料就是必须要购买的。

若某一大类中只有某样东西一定要买，那么只需要在那个细项上加插图。比如牌，分为名牌和桌牌，针对学员的名牌是必须要买的，所以在旁边画了个名牌。再比如鲜花，分为玫瑰和百合，百合旁边画了个小插图，说明百合是一定要买的。

最后还要和大家补充的一点是，作为清单类的思维导图，在重要且必须购买的物品旁边加上与内容相关的插图当然是最好的。但考虑到工作的效率，可以直接用荧光笔或红五角星进行重点标注。如图 4.16 中用荧光黄和红五角星标注的内容。荧光黄：文件袋、转接头、名牌、巴黎水、依云水；红五角星：大导图、条幅、进口零食。

图 4.16　导图工坊采购清单

（3）产品清单。

图 4.17 是一家咖啡店老板用思维导图做的咖啡说明书。

该店三大主推人群

撩妹必备：焦糖玛奇朵、卡布奇诺、摩卡。

硬汉专属：浓缩咖啡、玛琪雅朵、康宝蓝。

小清新偏爱：美式咖啡、拿铁。

浓缩咖啡

浓缩咖啡的英文名是 Espresso。成分是咖啡粉：水 =1∶2。特点：分量小、很苦、很香。Espresso 在意大利语中就是“快速”的意思。做得快，30 秒内做完；喝得快，两三口搞定。它是咖啡风味最浓的一款。

指南：先用冰水清口，然后小嘬一口咖啡，感受口中蔓延的苦涩和香气，好的咖啡还会回甘。

美式咖啡

美式咖啡的英文名是 Cafe Americano，美国人喜欢它的简单、便捷，法国人说它像洗袜子的水。成分是浓缩咖啡：水 =1∶2。特点：口味较淡、颜色较浅。

指南：先闻香，后观色，最后才是品尝。入口微苦，略有甘甜和酸味。

卡布奇诺

卡布奇诺的英文名是 Cappuccino。成分是浓缩咖啡：热牛奶：奶泡 =1∶1∶1。特点：口感丰富、女生最爱。因为颜色像身着褐色外衣、戴白色头巾的卡布奇诺教会修道士，所以得名“卡布奇诺”。

指南：先喝奶泡后加糖。一杯好的卡布奇诺，奶泡细腻持久，口感香醇。

摩卡

摩卡的英文名是 Mocha。成分是浓缩咖啡：巧克力酱：热牛奶：鲜奶油 =2∶1∶2∶1。特点：口感丰富、甜蜜。摩卡既指制作方法，也指出产摩卡的咖啡豆。其配料和口感都很丰富，巧克力更是增加了甜蜜感，一般很受女生的欢迎。

指南：可以用汤匙吃奶油，但不要用它喝咖啡。

拿铁

拿铁或意式拿铁的英文名是 Caffe Latte。成分是浓缩咖啡：热牛奶 =1∶2 到 1∶5。特点：奶多咖啡少，味浓醇。

指南：传统的拿铁不会加糖，因为牛奶多、咖啡少，再加糖会冲淡咖啡的风味。

康宝蓝

康宝蓝的英文名是 Espresso Con Panna。成分是浓缩咖啡：鲜奶油 =2∶1。特点是口感醇厚、造型漂亮。

指南：尽快喝完！如果时间久了，奶油会融化，咖啡的香味也会有所损失。

图 4.17　咖啡说明书

采用思维导图模式的清单，可以让所有数据很清楚地呈现在一张纸上，并能让你看出不同类别的数据之间的关联性。通过思维导图，我们能快速查询所需要的信息。

/// 账单统计和基金理财 ///

我们先来做一个小小的分类游戏，检验一下你之前学习的逻辑分类能力如何。试着用两分钟把下面的这些词语归类。

房贷 房租 购买食材 电影 信用卡 服饰

网费 电话费 宠物 外出就餐 水电煤气

私家车 运动 旅行 零食 饮料 个人护理

车贷 化妆品 公共交通 医疗 生活用品

答案：

饮食——外出就餐、购买食材、零食、饮料；

娱乐——电影、旅行；

健康——个人护理、运动、医疗；

公共支出——水电煤气、网费、电话费；

交通——公共交通、私家车；

还款——房贷、房租、车贷、信用卡；

其他——化妆品、服饰、生活用品、宠物。

其实，上面的这些就是我们会用到的开销项目。如果把这些用思维导图的形式清晰地呈现出来，我们就能够轻松地了解每月的收支情况。图 4.18 是根据上述分类整理的思维导图。

| 导图解析 |

图 4.18 的中心图是一本厚厚的账本和一支钢笔，它们代表的是“每月账单——支出明细”。

整幅思维导图分为 8 个部分，也就是 8 条大纲主干。比如，第一条大纲主干包含每年或每月的总收入、总支出及存款。我们平时可以多复印几张这幅思维导图。先分别在饮食、娱乐、健康、公共支出、交通、还款及其他部分的开销项目中把费用依次填写在空白线条上。例如个人护理，这个月你做了 2 次面部护理，3 次足疗，将总费用写在个人护理后面的线条上。如果你想把每笔款项都写清楚，也可以在个人护理后面延伸出两条并列关系的分支，分别写上“面部护理”和“足疗”，后面再加上费用。最后把所有开支款项相加，统计一下总支出是多少。用本月的总收入减去本月的总支出，就是本月的存款数目。再把相应的数据填写在第一条大纲主干相应的空白线条上。

最后，在这幅账单导图中用红笔标注出超出预算的开销项目，下个月就要多多注意了。

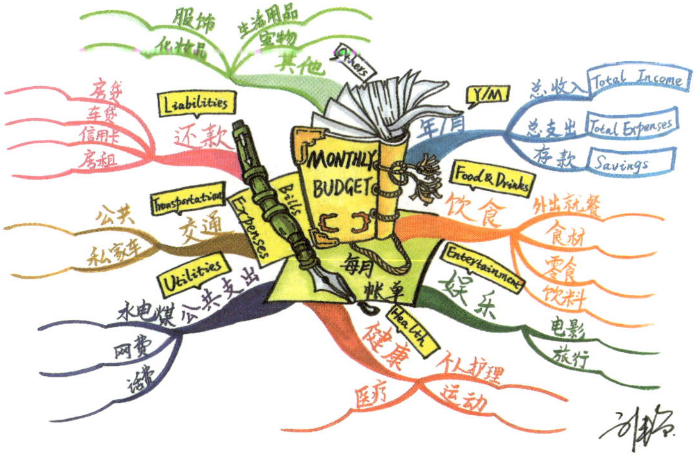

图 4.18　每月账单——支出明细

其实，关于理财的模板有很多，比如图 4.19。

| 导图解析 |

图 4.19 的中心图是一只手在按计算器，这代表了“理财”。整幅导图分为季节性消费、固定消费、日常消费及特殊消费。

季节性消费包含“车”“险”“学”，也就是车费、保险费、学费。

固定消费包含“衣”“食”“住”“行”“通信”。“衣”包括最新购买的衣服费用和干洗、翻新等加工类的费用；“食”包括粮油、燃气、水等；“住”包括房贷、电费等；“行”包括交通卡、差旅、维修、停车、加油等；“通信”包括网费、话费等。

日常消费包含日用品、零食、书籍、玩具等。

图 4.19 关于理财的思维导图

特殊消费包含节日，比如儿童节、父亲节、母亲节、端午节等；还有就是纪念日，比如结婚纪念日、生日等；特殊消费还包含社交聚餐、一些意外事件等。

那么，有了这样一份导图统计的账单，你就可以一目了然地看到一年或一个月，甚至是一周的开销情况了。关于账单统计的项目，大家完全可以根据自己平日的开销项目进行绘制。

除了用思维导图来帮助我们进行账单统计，我们还可以利用思维导图了解基金理财。

基金的种类很多。其中规模最大、我们接触最多的是二级市场的证券投资基金。股票基金、债券基金、货币基金都属于这一类。

你要先了解自己的投资偏好。“树懒型”投资者希望规避风险，追求安全、稳定；“狐狸型”投资者善于接受变化，追求高收益，并愿意承担风险。

选择基金的原则一：看投资标的。它指的是基金投资在什么类型的金融产品上，这也决定了基金的收益率、风险和流动性。

在人生的不同阶段，要配置不同投资标的的基金。股票型（偏股型）基金追求高收益，在收入稳定、风险承受能力强时，可以多配置；债券型基金追求安全，年纪大了或没有固定收入时，建议多配置；货币型基金追求流动性，如果面临出国、结婚、买房等重大抉择，可以多配置。

选择基金的原则二：看投资风格。它指的是这只基金是“主动投资型”还是“被动投资型”。两者截然不同，适合不同的投资者。

主动型基金由基金经理主动挑选股票、选择买卖时机，以求获得比大盘指数更高的回报率。相对来说，主动型基金更考验基金经理的能力，风险更高，投资的是短期波动。“狐狸型”投资者可以多选择这种基金，风险偏好低的“树懒型”投资者最好少选。

被动型基金又叫“指数基金”，它一般选取特定的指数成分股为投资对象。比如“工银沪深 300”基金，就是复制沪深 300 指数作为投资对象，收益率也与大盘相当。一般来说，被动型基金更稳定，看重长期趋势。风险偏好较低的投资者可以多配置。

选择基金时所参考的要素主要有 4 点。

看宏观大环境 牛市时，不妨多配置被动型基金，搭上好光景的快车；熊市时，多配置一些债券型基金，获得稳妥、安全的收益。

看行业 如果你自己在某个行业，或者对某行业特别有信心，但你又没时间或能力研究单只股票，不妨选择该行业或板块的被动型基金，分享行业红利。

看时机 如果央行有降息降准的动作，债券价格就会上升，债券基金收益也会随之上升。相反，央行在加息或提高存款准备金率时，就要下调债券基金占比。

看品牌 挑选主动型基金时，按照“王中王”的标准，选择历史悠久、规模大的基金公司里最有口碑的基金。挑债券型基金时，建议选择银行系。大部分债券都是在银行市场交易的，可以用更低的成本拿到。

最后提醒一句：投资理财的三大需求——收益、风险、流动性，但它们不可兼得。“高收益、低风险、高流动性”的投资产品是不存在的。万一遇到这类宣传，一定要准确识别，避免上当。只有看懂了基金、债券、股票这些金融产品，才能有效地管理自身财富。

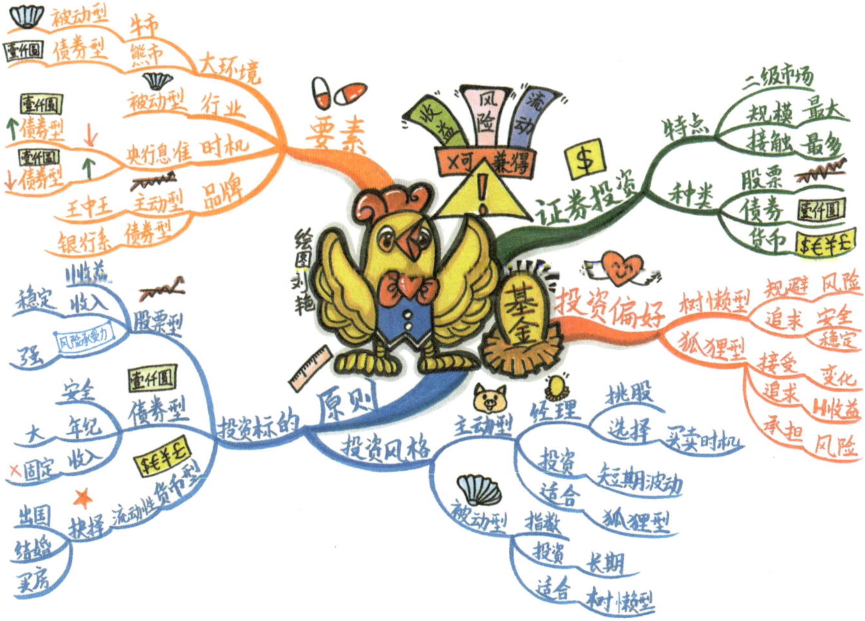

图 4.20　基金理财

/// 创意思考：自行车、橙子、非洲鼓和汉堡 ///

乔布斯说过这样一句话，很好地诠释了一个观点，他说：“如果你去询问那些有创造力的人，问他们是怎么做到的，他们往往会感到一丝羞愧。因为他们其实什么都没做，只不过是看到了某些东西，然后把这些东西和他们既有的经验联系在了一起，就加工成了新的事物。”

所谓创意思考，不是创造一个全新的想法，而是做一个将想法拼接在一起的工作。我们继承了前人提出的一些旧点子，也会在偶然之间闪现其他一些想法，于是我们把两者加工组合，变成一种新的想法。

随机图像法指的就是运用随机抽取的名词性图像展开联想，它是能帮助我们开辟新思路、最终解决问题的一种创意思考法。

随机图像法的操作步骤

第一步 确定一个焦点，也就是找到一个亟待解决的问题。

第二步 随机选择一张图片，这张图片必须是有具体图像的图片。

第三步 从选取的这张随机图片中提取与之相关的特性或联想，比如功能、概念、细节、联系等。所有的物品都有无穷的特征，而我们要做的就是把这些特征从不同的情景中逐渐挖掘出来。

第四步 把这些特性或联想和焦点问题强制联系起来，从而打开新思路，找到新想法。想办法让大脑从看似不相关的事情中寻找连接，是提高创造力的关键。

下面用以上讲到的方法举一个例子。我做企业培训的时候，曾经用随机图像法为企业解决了“如何提高企业品牌美誉度”的问题。

| 案例 1 |

当时，院子里正好停着一辆自行车，我灵机一动，那我们就从自行车开始联想吧！先想一想自行车的用途：带着人向前。由此可以想到企业文化中的愿景和使命，它属于公司未来的发展方向。然后想到骑车的人，骑车的人是自行车的主导者，他掌控着自行车的行驶速度，由此我们也可以想到企业最核心的专业人员，我们要对他们加以引导与塑造。后座上也会坐着人，我们对应想到的是内部员工和外部客户。接着想想自行车的零部件：铃铛、手闸、车轮。铃铛是可以发出声音的，由此我们想到了品牌传播。在这里，我们要强调的是手闸，由此想到刹车这个关键词，遇到前方有障碍物的时候，我们要紧急刹车，才能保证安全。这就使我们联想到了品牌美誉度问题，遇到负面消息和影响时，我们要做好危机公关，保证公司名誉不受侵害。如果没有这个随机图像自行车，我们可能就不会直接联想到危机公关这个板块，而它在提升企业美誉度方面可谓举足轻重，需要被认真对待。车轮有两个，于是我想到了协作，并进一步想到需要部门配合。这就是我们想到的提升品牌美誉度应该考虑的具体维度（见图 4.21）。

图 4.21　如何提高企业品牌美誉度

使用这个方法时，我们还要注意以下几点。

（1）把随机图像法和已知的方法联系在一起来显示你的聪明才智是没有多大意义的。随机图像法的目的是让你找到新的想法，这些想法一定是你从未想到过的，而不是为你提出旧想法寻找借口。

（2）不要罗列随机图像的所有特点，那样做只能说明你只是找到容易找的图像而已，激发创意的效果自然也就失去了。要写下你能想到的前 5 个特点，让它发挥作用。

（3）不要一幅图想不出来就随意换另一幅图。这样的话，你只是在等待着一幅合适的包含现有想法的图出现。

以上 3 点有助于我们在使用随机图像法的时候更好地保持其激发创意的作用。我们的重点不在于把随机图像与现存的想法联系起来，而在于刺激新想法。下面我举个例子来进一步说明。

| 案例 2 |

问题焦点：如何提升员工士气。

随机图像：橙子。

我们由橙子可以联想到许多内容。根据上面提到的注意事项中的第二点，我们无须罗列所有联想，只需要找出我们第一次就联想到的几个特点，5 个以内就可以，不要贪多。

例如，由橙子想到了结构、形状、颜色、营养、口味这 5 个方面的特点，那么我们只需要根据这 5 个方面的特点展开联想并加以结合。比如，结构分为皮、肉和籽，那么把这些想法与提升员工士气发生强制联系就是：皮可以让人想到精神风貌；肉让人想到的是使命和信仰；籽让人想到的是传承。再比如，橙子非常有营养，里面富含大量纤维，纤维可与提高员工士气发生强制联系。我们知道，纤维本身是由连续或不连续的细丝组成的物质，由此我们可以想到联结，由联结进一步想到员工关怀。

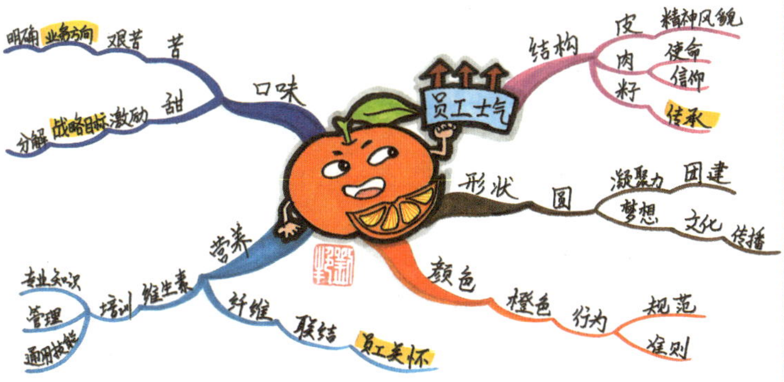

图 4.22　如何提升员工士气

当时学员们说这一点是他们在这之前从未想到过的。还有就是业务方向的明确和战略目标的分解都是他们从未想到的新想法。正如注意事项中的第一点所说，随机图像法的目的是让你找到新的想法，这些想法一定是你从未想到过的，而不是为你提出旧想法寻找借口。

｜案例 3（个人方面）｜

问题焦点：如何培养幸福感。

随机图像：非洲鼓。

联想一：女儿。

女儿每周四要上非洲鼓课。心理学家弗洛伊德创办过“星期三小组”，而很多心理学家的理论虽然闻名于世，但他们本人未必幸福，行大于言很重要。原生家庭是幸福的基石，而个人也要为自己的幸福负责，多加修习。

想到培养女儿的天赋。但勿过度开发。

因女儿活泼好动，担忧她会不会有 ADHD（俗称多动症）。后来我改变了这种想法，一是视角改变，关注她积极的方面；二是信念改变，相信这是孩子的活泼天性，不是问题。改变的视角和信念会减少忧虑。

她心思敏感，情感上多让她去体验，同时不忘培养其理性的一面，有利于获得幸福感。

要努力理解孩子。用发展的眼光看孩子，不停止学习，要了解儿童发展的共性。同时也不要尽信书，要相信作为母亲的直觉。每个孩子又有她独特的个性，要去理解她，并向她表达你的想法。对不能理解的部分要保有尊重的态度和好奇心。要和孩子建立连接，既体验融合，又给予其独处的空间。

联想二：非洲。

贫穷，由此联想到，一定的经济基础对幸福感来说是必要的。

非洲广袤，有很多人去探险。人生遇到危险时，懂得退让，也是一种幸福。同时，要放手追求，如果有幸获得高峰体验，也是幸福感的一种极致体验。

联想三：演奏。

非洲鼓需要演奏者用双手敲击鼓面演奏，由此联想到人与人的肢体接触会在很大程度上增加幸福感，多去拥抱你的孩子吧！

演奏是用双脚来稳定鼓身的。幸福需要内心的稳定感。

合奏时，需要与人合作。学会在群体中创造和分享，是身处社会的每个人获得幸福的途径之一。

联想四：结构。

非洲鼓中有用动物皮做的鼓面，由此联想到对生命要有爱，有爱才有幸福。

鼓身的材质不同，价格不同。经济社会对消费的猛烈刺激，激发了过度的物欲。降低对物质的欲望，会提升幸福感。

鼓身的图案有美感。有人说，审美关乎道德，它是人生境界的一种高度。

鼓配有包，方便携带，由此联想到要懂得放下负担。

联想五：节奏。

心跳像鼓点，是有节奏的。它代表激情，而人生需要激情。但基本的生活规律是健康的基础。

节奏会带来愉悦感，良好的情绪会带来幸福感。

鼓点有急有缓，人生有起有伏，要保持平常心。常有即兴演奏，自由必不可少。

鼓手会随节奏摆动身体，而运动可以滋养身体和心灵。

我以前从没意识到的是“审美”和“高峰体验”。

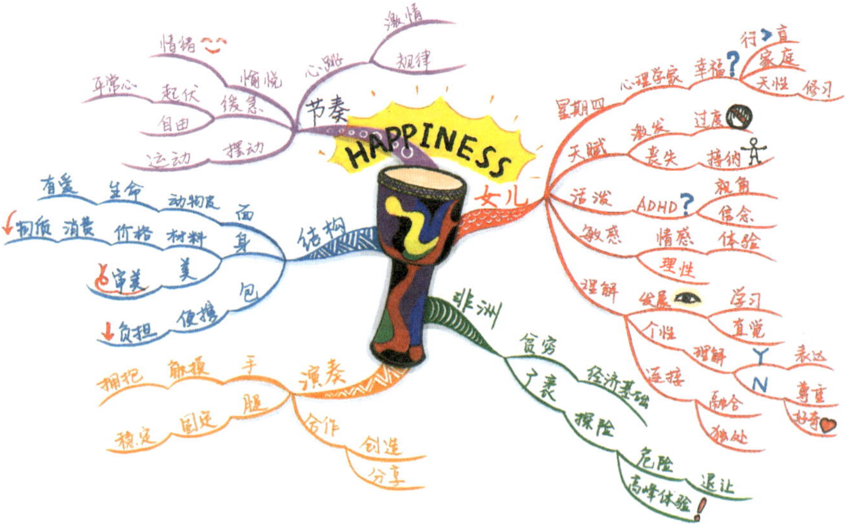

图 4.23 如何培养幸福感（绘图：年鑫）

| 案例 4（企业方面）|

问题焦点：企业年度财务目标的实现。

随机图像：汉堡。

我们由汉堡可以联想到文化、标准化、效率、组合结构四个方面。

文化：我们都知道，汉堡不是我们老祖宗留下来的，而是从西方引进的，它代表西方文化。我们由文化可以想到目标、意识和团队。

首先，目标要明确。汉堡的作用是填饱肚子，由此联想到，我们要实现财务目标，就要提质增效。

其次，要吃这个汉堡，脑子里就要时刻想着它，所以我们要提升意识。由此联想到我们的财务目标，它包含对内对外全面服务的意识、创新创效，以及风险合规的意识。

最后，我们还可以由文化想到团队凝聚力，具体表现为专业化、奋斗者、协作共荣。

标准化：制作汉堡是要有标准的，不然品质就会不稳定。我们可以由标准化联想到三个方面，分别是产品、流程和系统。

产品可分为基础型和定制型。拿汉堡来说，普通版汉堡是固定的价格，如果加入特殊食材，比如加鸡蛋、火腿，价格就会更高。所以说，财务目标就是，基础产品要保证收益，定制产品要有高收益。

再来看流程，流程包含成本和收入的对标，预算、节点、风险的管控，最后实现流程高效。

我们再来看系统，系统分为客户端、柜台、核算。

效率：汉堡属于快餐食品，由此想到快速和准确。要想达到快速，必须响应服务，发展业务，要有易懂指标；准确方面，要根据客户需求进行服务，而且要贴合业务指标。

组合结构：我们都知道汉堡是一层层的，它的基础材料是面包。由此我们联想到我们财务目标的基础是创新渠道、注册资本、存款、留存收益。

再来看营养物质，营养物质一定要均衡，汉堡由面包、青菜、牛肉、芝士、西红柿等组成，可以由此联想到财务目标要包含产品、服务、培训等内容。产品又分为固定收益产品、汽车金融和公司金融产品。

最后再来看看口味，汉堡的口味是多样化的，比如由“甜”想到股东、成员单位、经销商、个人的满意度；由“咸”想到同行业竞争；由“苦”想到付出的汗水；由“酸”想到坚持的泪水；由“辣”想到刺激，也就是创新。

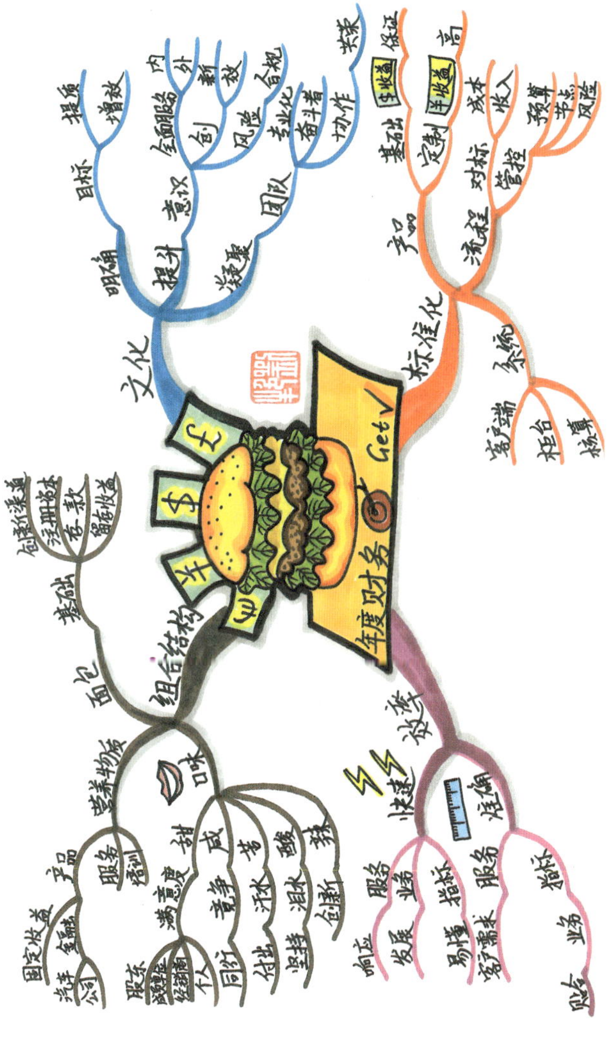

图 4.24　年度财务目标的实现

工作篇

/// 如何做一份好简历？ ///

“你有 offer（录用通知）了吗，今天有面试吗？”这一“灵魂拷问”，会让无数参加招聘的同学和职场人士为之颤抖。对许多求职中的伙伴来说，最郁闷的不是面试被淘汰，而是初筛都没过，连参加竞争的资格都没有，投出的简历总是石沉大海。那么，究竟什么样的简历能够得到 HR（人力资源）的青睐呢？

一份好的简历应具备以下 6 大特点。

体现成就　如果你的简历读起来干巴巴的，就像职位描述，那你的思路就完全错了。简历应该突出你做过的事情，而不是你应该做什么。以成就作为导向的简历更加具有说服力。每个 HR 都想招到这样“能做实事”的员工。

量化结果　量化产出可以使雇主了解简历中的说法的实际意义，并能表明你产生的影响力。如果你真的取得了某些成就，降低了公司的开支或提高了利润，雇主们都会愿意聘请你。

目标明确　应该针对职位来定制简历，有可能的话，还需针对具体的公司来定制。对于跨行业的求职者来说，这一点尤为重要。

行业通用　需要让招聘人员及未来的经理和同事都能读懂你的简历，避免缩写，并且要将高度技术化的术语转变成平实的语言。

专业简洁　具体要做到简洁、无错字和语法问题、页面留白、字体正常、标点符号保持格式一致、注意空格、不使用第一人称。

组织清晰　除了采用直观的方式组织好你的简历，还可以略微变通一下格式来凸显亮点。清晰的内容呈现和良好的视觉设计都非常重要。

如何用思维导图来构思简历？

我们可以先画一幅中心图，把一份合格的简历涉及的几个维度画出来，然后注意添加合适的关键词。画好中心图后，我们可以画出一份完整的简历包含的 7 条大纲主干：基本信息、求职意向、工作经历、教育经历、个人总结、技能证书、语言能力。

基本信息　个人的基本信息一般只写姓名、性别、年龄、电话、邮箱。告诉 HR 你是谁、怎么联系你就行，多余的信息不必放。

求职意向 求职意向包含求职岗位、求职类型、期望薪资、目标城市。这部分的内容要有针对性，根据不同的岗位，准备不同版本的简历。还要记住，投递多家公司的不同岗位时一定要注意修改。

工作经历 工作经历包含公司名称、职位、时间、工作内容。接下来，进行经历整理。可以用 STAR 原则进行整理。STAR 是四个英文词的词头：Situation（情境）、Task（任务）、Action（行动）、Result（结果）。在写简历时，尤其是描写工作经历时，这个原则很好用。Situation: 事情是在什么情况下发生的。Task: 你是如何明确你的任务的。Action: 针对这样的情况，你采取了什么行动方式。Result: 结果怎样，在这样的情况下，你学习到了什么。每个用 STAR 写出来的描述都是一个迷你故事。用这个原则要突出的是行动和结果。能用数字说话的就不要单纯用文字描述。接下来就是将自己整理好的核心经历与岗位需求匹配，进一步精简和优化。

教育经历 在校经历包含学校名称、专业名称、学历、时间、在校经历。具体、简要的描述将有助于 HR 在第一时间发现你的亮点。可以从在校成绩、所获奖项、实习经历等几个方面入手。

个人总结 包含本人性格、业务能力、身体素质、心理素质。除了介绍硬实力，可以在这部分表现出你的性格特点、工作态度、求职意愿。例如，本人性格开朗，积极向上；对待工作有极大的兴趣和热情，且认真负责，注重效率，具有良好的业务能力和身体素质，能够很好地适应团队工作，有上进心。

技能证书　可以填写相关的职业技能，如熟练掌握办公软件、绘图软件等；可填写相关职业证书，如注册会计师证书、教师资格证书等；在校学生可填写在校期间获得的各种荣誉，如国家奖学金。职业技能和荣誉证书可以突出优势，但需要注意按照与岗位的匹配度来进行筛选，分类描述。

语言能力　包含普通话等级水平、外语能力等。

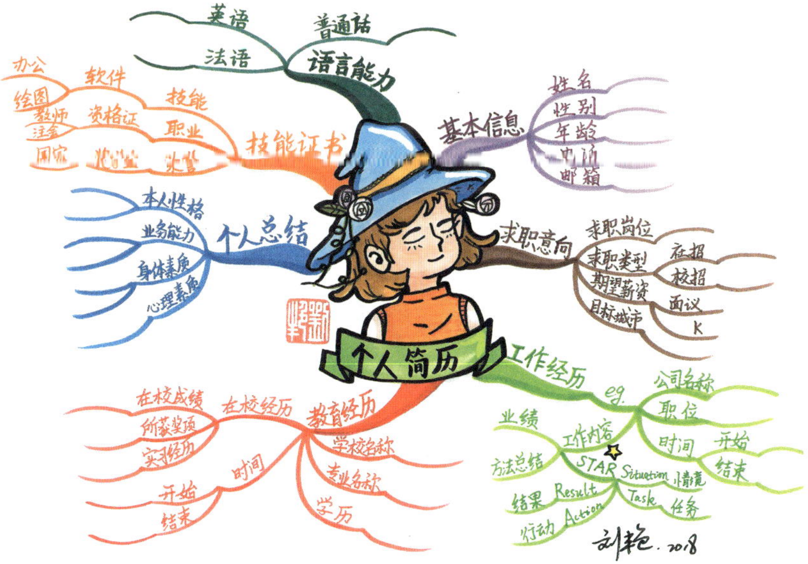

图 4.25　撰写个人简历

简历中的排列顺序不同，HR 阅读的时候会有不同的侧重。应届生和职场求职人群各自拥有的应聘优势不同，在简历排列中也要做相应的调整。应届生可以把教育背景和实习经历或是专业技能放在一起，重点突出个人的学习能力。职场人士需将工作经历和专业技能两个模块并列，展示自己积累的资源和经验。当然，企业类型、行业、个人经验的丰富程度不同，简历的重点内容会有差异性。需要注意以下几点。

（1）如果你是有了一些经验的职场人，请不要过分强调教育背景。

（2）要把最近的工作经历和重点工作成果放在最前面。

（3）罗列重点经历，避免长篇大论。

其实，一份好的求职简历的所有模块的文案内容都是根据公司、行业和岗位进行的有针对性的撰写。用思维导图撰写简历其实就是一个自我挖掘和总结的过程。只有你对自己的经历梳理得足够清晰，才能把你最好的一面展示出来。

/// 用四象限法则做时间管理 ///

以“最优解”管理时间，是每个职场人士的必备技能。时间管理的核心目标在于通过适当的工具建立工作计划系统，将一切繁杂的事务赶出大脑，放到外部的工作计划系统中，相当于放到你的“外脑”里，从而缓解大脑的精神负担，让你始终用轻松愉悦的状态面对眼前的工作。

思维导图四象限法则的核心是将工作按照“重要”和“紧急”

两个维度进行划分。

第一象限　**重要不紧急。**所占权重是65%~80%。这一象限画的都是未到期的事情，但它可能会影响你的事业、健康、家庭等。这类事情不是马上非做不可，如职业规划、学习、锻炼身体、陪伴家人等。但凡重要的事情，你一定要计划做、提早做、用心做，这里都有“做”字，我们可以把“做”字提前。荒废这个领域将使我们陷入更多的压力之中，致使我们在危机中疲于应付。

第二象限　**重要且紧急。**所占权重是20%~25%。这样的事情会让人时刻有压力感，其中80%是来自第一象限的，必须马上做、立刻做。比如上午要考驾照、下午要交设计稿、晚上要参加生日宴等。这个象限的任务应该越少越好，否则会让人心力交瘁。

第三象限　**不重要但紧急。**所占权重是15%。这个象限大多是“临时突发的不重要任务”，与大目标没有太多直接关系。比如家里的空调坏了急需维修、快递在门口等待签收等。这个象限的处理方法就是尽量不做，或交给别人做，即便不得不做也要快速处理，不可深陷其中。大部分低效的时间管理者会误把紧急当成重要，哪里呼叫就去哪里，实际上这不过是在满足别人的期望与标准。

第四象限 **不重要也不紧急。**所占比重不到 1%。包括一些娱乐、休闲、不紧急的琐碎杂事等，比如看电影、逛街、充话费等。对这类事情的处理方法是适可而止。虽然有时候我们需要以此来放松或缓解压力，但切忌过度放纵，否则就是舍本逐末，浪费时间。

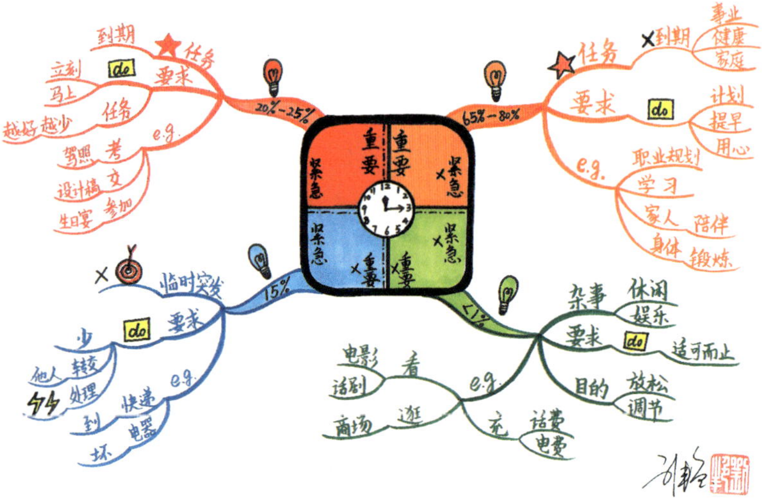

图 4.26 思维导图四象限法则

我们可以画一幅这样的思维导图，然后多复印几份，以便随时查看。

我们可以以月、周、天为单位进行时间管理。比如，早上到公司后，你可以拿出图 4.27 这样的空白导图，将当天的工作事项根据轻重缓急以关键词的形式填写到相应的象限导图分支上。一天工作结束后，你可以在已完成的事项旁边打个√，在没完成的

事项旁边画个 × 。如果你把一天的工作任务全部保质保量地完成了，你再看到这幅导图将会非常有成就感。而没有完成的工作事项就属于“遗留事项”了，需要你继续填写在第二天的空白导图中，什么时候完成了，什么时候就不用填写了。

图 4.27 四象限法则基础图

加州多明尼克大学教授盖尔·马修斯博士做过相关研究，他发现，只要人们把事情写下来，最后完成的概率就会提升20%~30%。通过思维导图四象限法则，你会很清楚地看到你在某个时间段需要处理的某项任务，也就很容易集中精力应对这项任务。即使是任务中断了，回来之后看一眼你所画的思维导图，你仍然可以重新进入工作状态。图 4.28 是学员杨景涵绘制的用四象限法则做时间规划的导图，可供你参考。

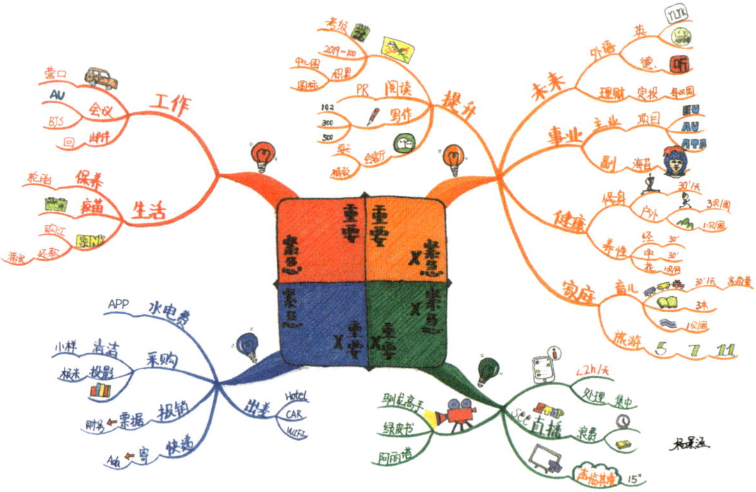

图 4.28 四象限时间规划（绘图：杨景涵）

/// 目标管理：九宫格思考法 ///

你有人生目标吗？你的目标清晰吗？你想过怎么执行吗？你有没有什么具体的计划？如果你只有目标，而没有具体的计划，没有执行，那说明你不懂目标管理！

如果用思维导图来给自己设定目标，并且通过“一页纸的思维导图”来帮助自己最终实现目标，我们就需要遵循一个原则，使用两大工具。

SMART 原则

（1）具体化（Specific）。

很多时候，没有实现目标不是我们执行力不够，而是目标太模糊。制定目标时要尽量用明确的数字表达清楚，要够得着。比如，你说自己的目标是变得更加有钱，那么这样的目标本身就不够具体。“有钱”是什么标准呢？你必须将目标数字化。比如，年薪100万元，实现真正的财务自由。

再比如，你的目标是“幸福”，这个目标也是不具体的，因为每个人对幸福的具体定义是不明确的，每个人对它的解读也不同。这时你可以将幸福具体化为：有一份高收入的工作，父母健康，孩子成绩好，每年都可以出国旅行。

（2）可衡量（Measurable）。

怎么判断一个目标是不是可以被衡量呢？你可以问自己下面这些问题：我已经完成了多少工作，我还有多少工作需要完成才能达到目标，距离最后制定的目标还有多远。

例如，把“让客户满意”作为目标。这个目标本身是无法衡量的，需要加上一组数据维度，比如，用户反馈好评在9.0分以上。

如果你是一位销售人员，这个月希望业绩有所提升，那么就要结合上个月的业绩设定具体标准。例如上个月完成了80万元的销售业绩，这个月至少要提高20%，也就是要达到96万元的销售业绩。这里的“可衡量”指的就是要有参照标准。

目标衡量标准要遵循“能量化的量化，不能量化的质化”。使制定人与考核人有统一、标准、清晰的可度量的“标尺”，杜绝在目标设置中使用形容词等概念模糊、无法衡量的描述。

从企业方面来讲，对于目标的可衡量性应该首先从数量、质量、成本、时间、上级或客户的满意度这5个方面来进行。如果仍不能进行衡量，还可以将完成目标的工作进程流程化，通过控制流程使目标可衡量。

（3）可实现（Attainable）。

目标的达成一定是自己的力量可以控制的过程，而不能把目标的达成与否寄托在他人或你不可控的事情上。如果你设定的目标高不可攀，无法实现，那么这个目标就失去了意义。

例如，你的月薪是1万元，你的个人积蓄只有15万元，你告诉自己明年一定要在上海买套房。那么，在没有家人和朋友的资金支持下，设定这样的目标就毫无意义。

在设定目标的时候，我们一定要多问问相关的专业人士。如果脱离现实，最后一定会以失败告终。

团队在设定目标时要坚持员工参与上下左右沟通，使拟定的工作目标在组织及个人之间达成一致，既要使工作内容饱满，也要具有可达成性。可以制定出“跳起来摘桃”的目标，不能制定“跳起来摘星星”的目标。

（4）互相关联（Relevant）。

如果实现了某个目标，但这一目标与其他目标完全不相关，或者相关度很低，那即使你实现了这个目标，意义也不是很大。

比如，你的老板希望你以后能提升沟通能力，做团队的技术培训。那么，老板可以在你的能力发展目标中设定让你去学习如何演讲、如何做培训。但如果他给你设定的目标是让你去学习与销售管理相关的知识，那就是与你现有的工作和职能不相关的目标。但如果你目前的项目是跟销售工作直接相关的，你在项目执行过程中如果能懂得一些销售管理流程方面的知识，对于项目的执行是有益处的，那么这就可以成为你的目标之一。

（5）时限性（Time-based）。

制定目标要有时间限制，不同的时间限制会导致你思考的方式、制订的计划完全不同。如果没有时间限制，你的目标就会成为一句口号，起不到任何作用。没有时间限制的目标也就没办法考核。你应该避免使用“最后”“最终”这些不确定的词汇。只有设置了时间限制，人才有紧迫感，才会在指定的时间内达到目标。

九宫格思考法

九宫格思考法，就是在一张白纸上，将水平与垂直两个方向各平均分割成三等份，从而形成 9 个格子。九宫格可以呈现整体与局部的关系与平衡。和前面提到的发散思维具有类似的功能，九宫格可以用来激发灵感，从而使人产生新的点子。

最基本的使用方法是：在九宫格中间的格子里填写主题，然后在它周围的 8 个格子里写下相关要素。

如图 4.29 所示，我们把人生涉及的 8 大领域——财务、学习、家庭、休闲、健康、社会、工作、人格——配置在这个九宫格结构周围的 8 个格子里。这时的九宫格呈现的是水平思考法。我们可以在各个格子里写下自己的梦想、愿望、目标。

图 4.29 九宫格思考法

九宫格思考法虽然是以 9 个方格为主，但是每一个格子却可以再衍生成 9 个格子。如此不断地延伸下去，可以激发出更多新的想法，从而进行立体思考。比如图 4.30。

在图 4.30 中，由自己想到健康，由健康又想到心态，这个过程就是垂直思考法。

现在，在图 4.30 这个大的九宫格中已经有了 8 × 8=64 个答案了，今后我们可以再用这样的方式进行延展，使其成为：8 × 8 × 8=512 个答案！

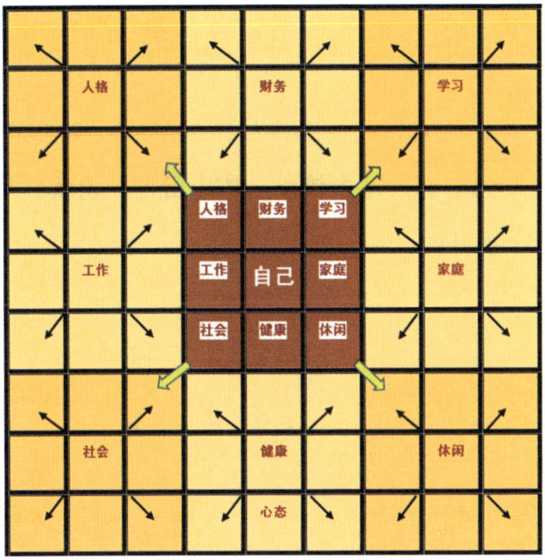

图 4.30　延伸的九宫格思考法

图 4.31 是我 2017 年下半年用九宫格来设定的 8 个目标，最后我挑选了最想实现的一个目标——普通话一级甲等，并且在旁边用绿色的星星做了标记。

图 4.31　2017 年下半年目标

思维导图思考法

通过九宫格，我们可以把最想实现的核心目标单独提取出来，作为中心主题，把它转化为思维导图的形式。图 4.32 是我围绕“普通话一甲考试”，用**基本信息、核心目标、现状分析、行动步骤**四个维度来展开的思维导图。

| 作品解读 |

中心图中靶子和话筒表示一甲考试。

第一条大纲主干：基本信息。如姓名、职业等。

第二条大纲主干：核心目标。即拿到最高级别“一级甲等”，即考到 97 分及以上。

第三条大纲主干：现状分析。包括优势和劣势。

优势：（1）我会找一线的播音员和主持人对我进行专业指导；（2）我是北方人，发音相对标准，表达能力也不错；（3）我有考一级乙等的经验；（4）我对本次考试怀有一颗平常心，比较乐观、积极。劣势：（1）时间少；（2）练习欠缺；（3）内容已经遗忘了 10 年。

第四条大纲主干：行动步骤。具体分为三步。

第 1~2 天，进行应试规则的学习，并且做一次摸底测试，看看自己在没训练前可以得多少分。紧接着是字词两项的正音训练，分别是单音节和多音节字词训练。

第 3~4 天，进行短文朗读和抽签命题说话的训练。命题说话的题目有 30 个，需要我进行归类练习，把相同的话题归为一类。

第 5~6 天，专家进行全面模拟测试点评；用思维导图进行综合复习，分别把四大项目的考点、时间、分值、要求用思维导图的形式一一整理总结，这样考试之前我就可以不用翻书找资料，只要看这几幅思维导图就够了。

最后，我会根据自己的弱势项目有针对性地做最后的冲刺和强化训练，以此来巩固这些容易失分的知识点。

2017 年 8 月 5 日，就是这一幅目标设定的思维导图帮我在短短的一周顺利地通过了普通话水平测试的最高级别——一级甲等（97.1 分）。

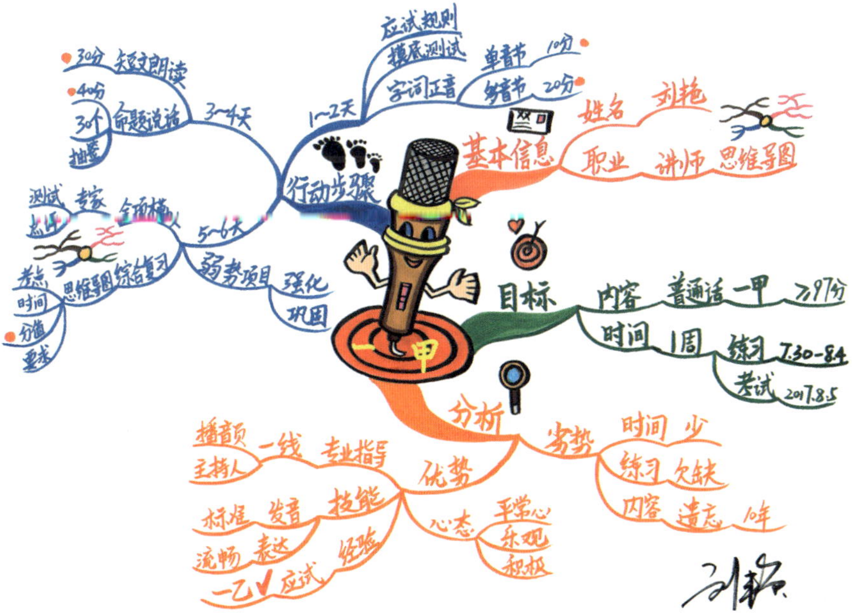

图 4.32 普通话一甲考试目标

/// 复盘：个人和团队成长法 ///

“复盘”原是围棋术语，指的是下完一盘棋之后，还原整盘棋并进行分析讨论，这被认为是选手增长棋力的最重要的方法。

复盘也被联想（Lenovo）等企业引入管理。联想创始人柳传志曾经这样总结复盘：“做一件事情，失败或成功，都要重新演练一遍。大到战略，小到具体问题。原来的目标是什么，当时是怎么做的，边界条件是什么；回过头做完了看，做得正确不正确，边界条件是否有变化，要重新演练一遍。我觉得这是提高自己的非常重要的一种方式，这个想清楚的过程，就是一个学习的过程。”利用复盘，管理者可以从过去的经验、实际工作中学习，从而有效地总结经验、提升能力、实现绩效的改善。

个人复盘

个人复盘包含四个步骤：看结果、找原因、挖规律、有行动。

步骤一：看结果——回顾评估。

我们要回顾评估的内容包括四个方面：年初目标、年中过程、年终结果、自我评价。

很多人在这一步就“晕”了，关于年初目标，可能只是在脑中想了想，没有书面记录，也没有量化指标。特别是这一年做得如何，完全凭印象和感觉评判。

如果我们有书面的记录，就会使一年的复盘更加科学、具体。

知道年初目标和年终结果，我们就知道它们之间的差距了。如果完成年初目标是 100 分，我们就可以根据年终结果给自己打个分数。这样就对结果和差距有了更为直观、具体的评价。

例如：

年初目标：一次性通过一级建造师执业资格考试。

年中过程：专门报了相关的培训班，线上课和线下课都有，但是没有投入足够的时间和精力进行有效的学习和复习。

年终结果：连一本书都没有学完，考试都没有报名。

自我评价：10 分。

步骤二：找原因——经验能力。

很多人会非常惭愧地自我批评一番，并且意识到了事情的严重性，但之后就没有下文了。我们的经历不会自然而然地变成我们的经验，所以在评估过去一年的情况之后，我们要针对评估结果进行进一步的分析和反思。

在分析和反思的时候，我们可以从主观和客观、可控和不可控几个不同的层面进行反思。

例如：

客观：本身专业知识基础差，通过一级建造师考试难度大；工作非常忙，家庭负担重，没有时间。

主观：不是很重视，而且不努力，专注力很差。

步骤三：挖规律——总结规律。

很多人觉得自己已经找到问题的症结所在了，然后立下誓言“明年不能再懈怠了，要更加努力了”，来年却依然失败。这部分人只是满足于找到失败的表面原因，却没有真正寻找它的深层规律。

我们可以借鉴丰田公司的“五问法”（5 Why 法）。这种方法就是提出正确的问题，区分客观原因和主观借口，从问题出发，不断追问为什么，告别直接原因，略过间接原因，最终找到根本原因。使用 5 Why 法时一定要注意两点：提出正确的问题，区分原因和借口。

例如：

Q: 为什么没有完成一级建造师考试的目标？

A: 因为没有投入足够多的时间和精力去学习。

Q: 为什么没有投入足够多的时间和精力去学习？

A: 因为拖延、不用心。

Q: 为什么拖延、不用心？

A: 不是因为不知道通过一级建造师考试的重要性，而是……

步骤四：有行动——转化应用。

回顾且评估了过去一年的目标、过程、结果，也分析了原因，并且总结了深层规律之后，我们的最后一步就是行动。我们可以通过“SSCI 模型”来进行有效行动：S（Stop，停止做什么）、S（Start，需要开始做什么），C（Continue，继续做什么）、I（Improve，哪些地方要改进）。

例如:

复盘之后，针对新一年的一级建造师考试，我们可以有下面的行动。

（1）停止用大部分时间刷微信朋友圈，采用固定时间刷朋友圈，卸载抖音 App（应用软件）。

（2）按部就班地学习线上和线下的课程，制订好四个科目的学习计划:《建筑工程法规及相关知识》《建筑工程管理与实务》《建筑工程项目管理》《建筑工程经济》。

（3）继续报名培训班，学习教材内容，并坚持做历届考试真题。

（4）可以运用快速记忆的方法来背诵建设工程法规的知识点和问答题。复习考试大纲的核心要点时也可以借用思维导图来整理要点笔记并辅助记忆。

图 4.33 个人复盘模板

团队复盘

（1）概要。

团队复盘时，大家可以围坐在一起，以复盘会议的形式展开。先要确定本次复盘会议的主题是什么，最好提前通知大家，这样大家在开会时能有所准备。然后确定好时间，包括开始的时间和会议时长。参加人和主要事件的概况描述都要提前拟定。

（2）回顾目标和结果。

目标包含终极目标和阶段性目标，结果包括最终结果和每个阶段的结果。目标必须是具体的描述，如果有难以量化的目标，至少要列出阶段性的重要事件或里程碑，从而衡量其进度或成败。

（3）盘点过程。

我们在盘点时要找出亮点和不足，这一步骤是基于预期目标的回顾过程。有这样三个常见误区。

第一，报喜不报忧。很多人在复盘时，只说成绩，不谈缺点，使复盘失去了改进和提升的意义。

第二，罗生门。基于每个人的价值观、诉求、标准、经验等方面的差异，对同一件事会形成不同的理解，导致无法达成共识。这时我们要学会换位思考，让大家跳出本位，多站在他人的立场上考虑问题。

第三，盲人摸象。当每个人都从自己的视角看待问题时，往往只能看见事件的“碎片”，导致“盲人摸象”的状况发生。这时候通常需要团队或跨部门的协作与配合。可以用思维导图展现全貌的动态，驱动这些变化背后的关键因素。

（4）分析原因。

这个环节需要对上一步盘点中找出的亮点和不足进行深入的分析、反思，找出成功和失败的根本原因。分析原因时一定要注意：成功主要看客观原因，失败主要看主观原因。

（5）总结经验。

在分析完原因之后，我们要思考的是，我们从这个事件中能学习到什么。具体来讲就是，什么是这类事件的一般规律？哪些做法是奏效的，值得我们继承和推广？哪些做法是无效的，需要马上停止，以免造成不必要的后果？

图 4.34　团队复盘模板

（6）行动计划。

复盘的最终目的不在于获得一些经验或教训，而是要落实到未来，促使行动改进。我们可以制订清晰的后续行动计划，计划要更加具体，不要泛泛地罗列一些“虚话”。比如：明确有哪些资源的支持，包含人、财、物；采取哪些具体的措施；何时开始、何时结束；明确该计划的第一责任人；有哪些检验成果的衡量标准；需要提升哪些能力；等等。

｜案例｜

学科测试复盘

这是一幅2018年9月—12月的语文教学工作的复盘导图。中心图由闹钟、笔、小屋和画轴四部分组成。闹钟上画有一个奔跑的小人，还有一个闭眼的侧脸，表示绘制者正在回顾这半学期里工作的得失。旁边长长的画轴上有虚线，表示绘制者正在总结得失。笔指向小屋，表示绘制者希望自己班上的学生能在明年的考场上很好地发挥，叩开本地最好、最漂亮的中学大门。

整幅复盘导图分为6个部分。

第一条大纲主干是概述，表示绘制者的学期目标是本班学生在期末的语文测试中，成绩获年级第一。

第二条大纲主干是回顾，回顾目标和结果之间的落差——目标是年级第一，结果却是年级第三。

第三条大纲主干是盘点。绘制者盘点了思维导图渗透到语文教学中后，学生在这半学期里表现出的亮点和不足。亮点是绘制者发现学生的抄抄写写、背诵等作业明显减少，学生和家长都很喜欢这种教学方式。绘制者自己呢，因为是一种崭新的教学手段，极具挑战性，每天都精神百倍。不足之处是学生的基础顾及不了，知识点的落实缺少严格把关，导致基础知识没有以前扎实；更是因为自身没有制订实验计划，实践变得随意了。

第四条大纲主干是分析。绘制者分析了用思维导图进行语文教学尝试后自身的变化。发现自己突破了职业的倦怠感，重新找到了工作的乐趣，每天工作都觉得是一件非常新鲜、刺激而有意义的事情。为了更好地实践下去，绘制者又查找了自身的问题。外部原因是刚刚接触思维导图理论，学习过于浅显，走了太多弯路；本人又参加了书法、阅读、瑜伽等多个兴趣班，注意力不集中，导致思考不够深入。内部原因是自信心不足，总担心尝试万一失败了怎么交代，也没有很强的逻辑思维能力，更没有养成制订计划的习惯。

第五条大纲主干是总结。坚定了继续用思维导图进行教学尝试的想法后，绘制者对这半学期的工作进行了总结。决定割舍书法爱好，对学生停止课文导图绘制的操作；同时自身继续加强思维导图的知识学习，加强对学生用导图整理知识点的能力的指导；然后增加一些新的措施，如网络学习，提升技能，对学生增加测试和板块作业的梯度练习。

第六条大纲主干是计划。计划来年自己的导图教学能更加精进，找到一条真正属于自己的教学之路；计划能在家长、学校及家人的全力支持下，在翔实的计划和落地的检测之下，达成在 2019 年 5 月实验初中的选拔考试中本班 30 人能有 15 人录取的好成绩。

这幅导图最终帮她实现了当初的目标，班里有 19 人被录取！超额完成任务。

图 4.35　学科测试复盘（绘图：沈海亚）

| 案例 |

复盘：2018 年成长计划

图 4.36 的中心图是一个美女坐在桌子前喝着咖啡，她在回想自己 2018 年的成长计划，桌面上放着棋盘，寓意复盘。

第一条大纲主干　**概要**。说明复盘的主题“2018 年成长计划”，时间是一年——从 2018 年 4 月到 2019 年 4 月。事件分别是学习和健康两个方面。

第二条大纲主干　**回顾**。当时设定的终极目标分别是：学习一种能力——思维导图绘制能力；健康——身体素质要达到正常，体重达到 98 斤。关于思维导图的结果是，2018 年 4 月在线上自学相关课程，效果是，了解了一点儿，但很业余；2019 年 1 月拜师刘艳在线下学习，更加专业了。健康方面的结果是，体质下降了，体重增加了。

第三条大纲主干　**盘点**。制订成长计划的亮点是，学习思维导图在读书、演讲和沟通方面是很实用的，还提高了逻辑思维能力。在健康方面，饮食注重规律了，还有了运动的习惯，不足之处在于，不会搭配画图色彩，画出的图像没有通感；线条的走向和布局不到位；关键词提取不够精准。在健康方面，体质下降导致感冒和心律不齐，体重涨了 3 斤。

第四条大纲主干　**分析**。成功的因素，关于思维导图的学习，是有意愿、动力、兴趣、成长和危机意识的；关于健康，在运动方面有了跑步和做瑜伽的习惯，饮食上更注重吃水果和蔬菜。失败的因素，在思维导图的学习过程中，没有绘画功底，阅读量少，听记练得少，想象力不足；在健康方面，运动会间断，压力大，有时吃饭时间晚且吃得过饱。

第五条大纲主干 **总结**。总结经验，停止（S），在学习上遇到困难时的逃避和放弃，健康上的懒和馋。开始（S），在学习上建立信念，寻求更高效的学习方法；在健康上坚持定时、定向的运动，饮食上制定餐标。继续（C），在学习方面，每天画一幅图，听一小时的课，看一小时的书；早起开始运动。改进（I），加强瑜伽和跑步，饮食规律，要荤素搭配。

第六条大纲主干 **行动**。学习思维导图要做到"仿"，仿老师和同学的优秀作品；"听"，重听老师的线上课程；"看"，再详细看关于思维导图的书籍，多读文章，练习关键词的提取；"画"，每天练习画一幅思维导图、一组线条和小图。在健康方面，运动上，早上 40 分钟瑜伽，晚上户外行走 10 000 步或在跑步机上跑 3 公里；饮食上，早上一杯蜂蜜水，早餐一个鸡蛋、一碗粥、一份青菜，19∶00 前吃晚饭，只吃七分饱。

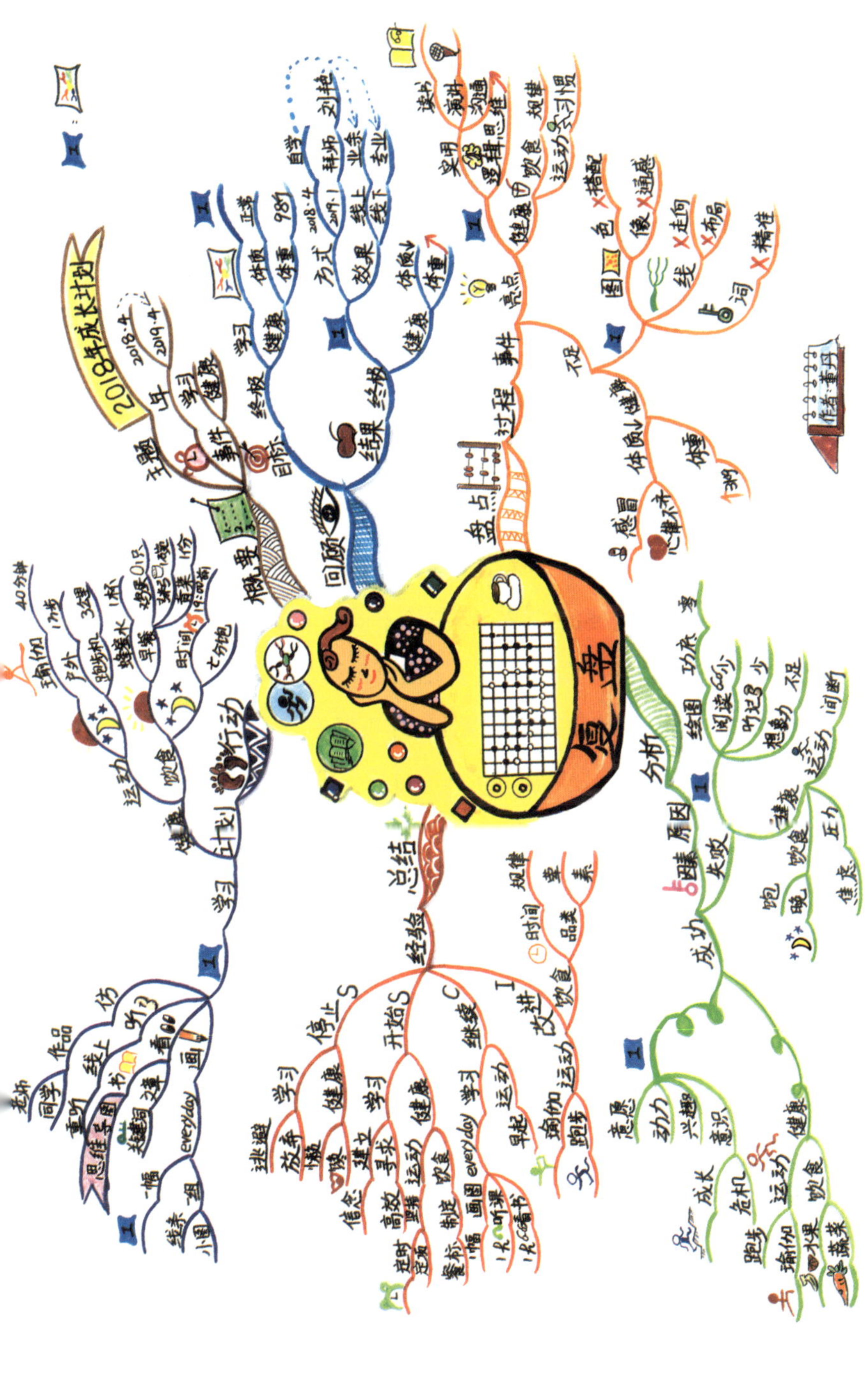

图 4.36　复盘：2018 年成长计划（绘图：董丹）

/// 工作汇报总结 ///

运用思维导图做工作汇报一般适用于以下几种情况。

解决问题。当你发现问题并需要尝试解决时，由问题核心出发，也就是从中心图出发，运用思维导图的激发性思维和整理性思维收集、归纳论据，最终确定大致的目标，从而可以大大提高解决问题的效率，同时也可以明确问题的每一个阶段或层面所需要处理的事件。

工作安排。如果你是部门负责人或企业领导，有经验，有下属，对于某项计划或工作，你可以根据经验提出目标和假设，再用思维导图列出所需要的支持，分摊给不同的下属。限定时间到期后，下属提交资料，你用思维导图汇总排列，可高效地完成工作。对于企业管理者来说，这可以让工作更轻松。

成果汇报。完成问题解决和工作安排后，成果思维导图也就最终完成了。在汇报交流的时候，你的汇报顺序是：从思维导图的中心主题开始；然后汇报大纲主干，也就是大标题；最后再到具体的内容分支。如果汇报时间有限，比如你只有 10 分钟去汇报本季度业绩，你只需要汇报中心主题、大纲主干及部分重要内容分支就可以了。

思维导图汇报九步骤

步骤一：人物。

你准备汇报给谁听？也就是你需要确定汇报对象，是一个人，还是一群人。如果你要面对一群人汇报工作，你一定要辨别出谁才是你真正的倾听者，究竟是你的领导，还是公司同事。确定汇报的对象非常重要。

步骤二：内容。

汇报什么内容？汇报时先考虑好要讲什么，如何表达才更清晰。一般我们会用到三种表达方法。

第一种是“Why—What—How”，即分别描述工作、事件、项目的起因、内容和方法。Why 指的是事情的起因是什么；What 指的是我们需要什么；How 指的是如何达成目的。适用情况：汇报现状和解决方案；汇报相对简单的问题。

第二种是“5W1H”，即分别描述事件的内容、起因、时间、地点、人物，以及解决方式或过程。What 指的是发生了什么，Why 指的是事件的起因，When 指的是什么时候，Where 指的是什么地点，Who 指的是人物，How 指的是具体的解决方式或过程。适用情况：需要全面分析一个问题，并且对问题的本质进行深入探究，事例要具体、翔实。

第三种是“STAR”，这是汇报工作常用的模式，即交代背景、需要完成的任务、任务的完成情况和效果。Situation，交代情景；Task，阐述需要完成的任务；Action，采取的行动是什么；Result，行动能够产生或已经产生的效果是什么。适用情况：总结已经完成的事情的经过（描述完整的前因后果）；汇报工作进度并阐述行动建议。

步骤三：重点。

你每次汇报的重点最好只有一个，而且要能够用一两句话表达清楚。

步骤四：逻辑。

工作汇报的基本逻辑有时间逻辑、事件逻辑、空间逻辑等。强逻辑可以让你的汇报内容更清晰，展示更直观。

步骤五：方式。

简单的内容可以用口头汇报的形式；如果口头不方便，可以使用即时通信工具。对于较为复杂的内容，就用邮件或公文，附件可以是参考的文件资料。对于更为复杂的内容，就需要做成PPT（演示文稿），然后通过专题汇报会当众汇报。内容不同，你采取的汇报方式就不同。有效的方式就是最好的方式。

步骤六：场合。

要弄清楚，是在会议上公开汇报，还是单独去上司办公室汇报。

步骤七：时间。

汇报的时长、汇报的时间段是否合适，都需要认真考虑。

步骤八：状态。

你的上司是否处于“听汇报”的状态？如果你的上司不在状态，那么你要根据具体情况采取不同的做法：如果是小事，可以拖延一下，等他在状态时再做汇报，或是三言两语总结一下你要汇报的内容，然后申请隔日再汇报；如果是很紧急的事情，即便你的上司不在状态，你也要把他“拉回来”。

步骤九：可能性。

如果上司不接受你的工作汇报，那么此时你要分析他不接受的原因是什么，如何解决这个问题。

图 4.37 思维导图汇报九部曲

| 案例 |

如何提升公司员工士气

近期，某公司团队的整体士气有所下降。公司大领导是一位“事必躬亲”型的领导，他要求人事部迅速开展提升员工士气的相应活动，并做出具体的解决方案。小王作为人事部的主要负责人，需要尽快想出一系列切实可行的办法并向公司大领导汇报，于是小王用思维导图的形式绘制了汇报的内容框架。

图 4.38 的主题是“如何提升公司员工士气”。中心图非常简单，是三个员工代表在宣誓的画面。整张思维导图应用的就是“5W1H”法。

What 包含两方面，一个是内容，一个是目的。内容是对“如何提升员工士气”这个问题进行拆分（画了向上的箭头表示提升）。后面被拆分成四个方面：奖励、培训、归属感、晋升。再来看提升员工士气的目的，员工士气得到提振，公司才能稳步发展，公司稳步发展就是目的。

When　即用多长时间来完成提升员工士气的任务。When 包含时间和期限两方面。时间分为：一个月，用月亮符号标注；一个季度，用星号标注。期限是一年。

Who　即谁来负责执行提升员工士气这件事。需要三类人：参与者是员工，负责人是人事部，具体执行者是管理层。

Where　即在哪里提升员工士气。地点是在公司，位置是会议室。

Why　即为什么要提升员工士气。这包含原因和目标两方面。直接原因是员工工作效率低；具体原因是员工技能水平低，没有归属感、晋升机制和奖励机制。目标，即提升员工士气。

How　即如何提升员工士气。这分为方法和措施两方面。具体方法是进行技能和业务培训；设置奖励工资和奖金，或者提供旅行机会和奖品；增强员工的归属感，比如解决他们的住宿问题，每星期召开联谊会，增强彼此间的交流和连接，有成果了之后要表示感谢，还要能够包容员工们犯错；要有晋升通道。在这部分，标注月亮的地方指的是一个月一次，标注五角星的地方指的是一季度一次。在措施方面，要下放给团队适当的权力，还需给予人员和资金方面的资源支持。

图 4.38　如何提升公司员工士气

用思维导图进行日常工作汇报

我们在日常汇报时可以使用图 4.39 的导图模板。模板分为 5 个方面，分别是进度、需求、业绩、不利情况、建议。

进　度　绿色的交通灯代表的是工作进展顺利，可以按照既定的节奏汇报。红色的交通灯代表的是工作进展不顺利，需要及时反馈和汇报；如果需要延期的话，则要提前申请，并且说明延期的原因和时间。

需　求　大多数的工作不是靠一个人就能完成的，你需要向你的上司申请资源，包括人力和物力。

业　绩　汇报业绩要依据达标情况，分为达标的和未达标的。如果业绩达标了，直接汇报即可；如果业绩未达标，就要说明具体的数据：总的业绩目标是多少，实际完成了多少，还差多少，没有完成的原因是什么，具体的解决方案是什么，预计什么时间完成。

不利情况　在遇到困难、问题、意外的时候，一定要及时进行汇报。任何时候都不要隐瞒，即使你自己可以解决，你的上司也是有知情权的。

建　议　这里的建议可以是工作上新的建议，也可以是对现有工作情况的改善意见。在汇报时，应该把提出建议的原因描述清楚，同时说出你的建议和它能够带来的好处，而不是盲目汇报。

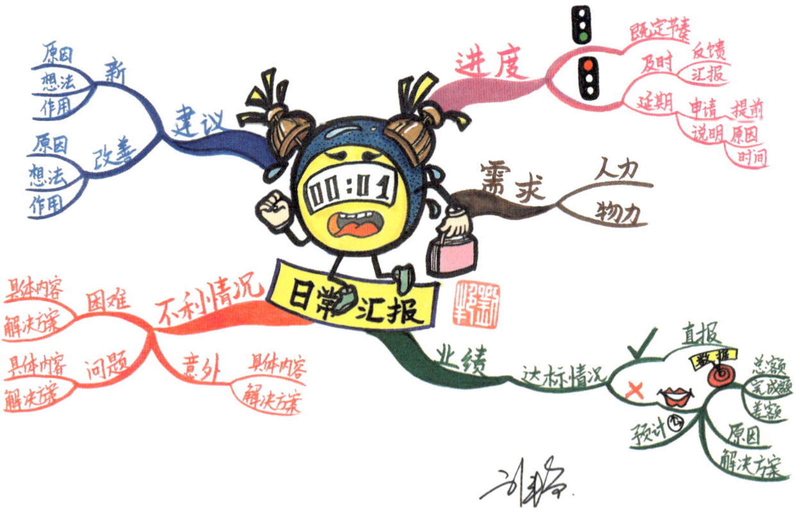

图 4.39　日常汇报模板

用思维导图写年终总结

我们大多数人从小就喜欢听故事。评价一个故事是否好，不光在于人物角色是否生动形象，故事情节是否跌宕起伏，更主要的是“立意深远”。就像大众非常喜欢的《射雕英雄传》，它之所以能激荡人心，绝不仅仅是郭靖和黄蓉的恋情故事，或是华山论剑的武技争雄，更多的是侠之大者、为国为民的民族大义，和与外族誓死抗争的家国情怀。

同理，做一份优秀的年终总结，同样要遵循这一规律：立意为先。下笔之前，我们必须清楚一件事：为什么要写年终总结，而且为什么必须要写好。

写工作总结的底层逻辑

（1）用户思维（立意）：我为谁而写。

（2）布局思维（结构）：怎么编排结构，才能始终抓住受众。

（3）利他思维（原则）：始终站在受众角度考虑问题，他们才会喜欢。

图 4.40 是工作总结的逻辑结构导图。一篇完整的工作总结分为标题、开头、关键词、主体、结尾和落款 6 个部分。

标题：姓名 + 年份 + “工作总结”。

开头：在开篇总结工作情况，做出总体评价，一般来说不要超过 200 字，要起到提纲挈领、给整篇总结定性的作用。

关键词：以 KPI（关键业绩指标）的方式回顾业绩；综合绩效，衡量你业绩以外的其他贡献；PDCA 未来计划，做出明确的未来计划。

主体：总结工作成绩是重中之重，是总结的核心内容。它包含以下几个方面。

（1）业绩回顾。

KPI 个人绩效回顾：今年的业绩如何？每个月的业绩如何？哪个月的业绩好，为什么？哪个月的业绩不好，为什么？如何改进？

综合绩效回顾：我为同事做了什么？我为公司做了什么？我为客户做了什么？我学习了什么？提升了多少？我为改善管理、流程做过什么？

（2）经验总结。

我在工作中犯过什么错误？得到了什么教训？我是如何应对的？

（3）未来计划。

P（目标）：我的工作目标是什么？我打算做到什么程度？

D（执行）：我准备如何执行？

C（检查）：我如何保证自己能够正确执行？如何保证自己的执行力度？

A（改善）：如果目标和执行之间出现偏差，我将如何回到正确的轨道上？

结尾：用简短的语言分析问题，明确方向，表明决心和计划，同时可以写出对未来工作的计划和改进措施。

落款：所在部门、职位、姓名、日期。

图 4.40　工作总结的逻辑结构导图

汇报工作不是拉家常，不能扯东扯西，主次不分，逻辑混乱，想到哪就说到哪。大多数人并不具备天才型的演讲能力，这就需要后天的修炼。平日要注意训练自己的表达能力，对自己有万利而无一害。无论是一对一向老板汇报，还是一对多的工作汇报，让对方听明白是最基本的要求。这时候，思维导图就起到了至关重要的作用。

/// 高效会议六帽法 ///

相信大家都有共同的体会：很多会议往往是在浪费时间；会议时间老是被延迟；会议目的不清；会议结束后，问题依然没有得到有效的解决。但会议不能因此不开，究竟如何开会才是最正确的方式？

下面给大家介绍一种高效会议方法——思维导图六帽法。

思维导图六帽法指的是参会者使用“六顶帽子”来开会，它不是一群人七嘴八舌地随便议论，而是依据一套严谨的流程，用高效带动质量，用随机图像激发点子，产生一个人独自苦思时无法产生的创意，从而解决实际遇到的问题。

蓝帽子——象征着思维中的控制与组织，又称管理帽。

关键词：管控。

应用原则：焦点、技巧、时间。

焦点：确定本次会议的焦点，也就是明确此次会议亟待解决的问题是什么。问题一定要聚焦，不要太宽泛。

技巧：选择合适的帽子并在会议中进行相应排序。

时间：确定时限并要求在此时限内进行。

白帽子——直接与数据和信息有关，又称信息帽。

关键词：情报、信息、数据。

应用原则：可以用四象限法则，写出已知信息、所需信息，以及如何获得我们需要的信息（渠道）。为了确定信息的准确性和相关性，还要看看其他人的观点，也就是 O.P.V.（Other People’s Views）。通过他人的观点可以拓宽信息，降低思维的主观性，甚至能够找到分析问题的有效方法。

红帽子——感觉、直觉、本能的反应，又称情感帽。

关键词：情感、感觉、直觉。

应用原则：只能用 30 秒，要简短，无须解释，可以用作思维决策的一部分。

黄帽子——寻找事物的优点，代表思考合乎逻辑、积极的一面，又称价值帽。

关键词：利益、价值、可行性。（黄帽必须给出理由，从价值、利益、可行性三方面进行思考，然后分别从短期、中期、长期来综合陈述。）

应用原则：逻辑支持。

绿帽子——用创新思维考虑问题，代表新思路和可能性，又称创意帽。

关键词：多样性、创新性。

应用原则：3P 原则，指的是积极（Positive，每个观点都是有价值的，所有的观点都应该被记录下来）、丰富（Prolific，观点越多越好，而且要依靠他人的观点）、有趣（Playful，幽默更能激发创意）。还要学会应用两个工具：一种是“随机输入”，也就是我们通常用的随机图像法，还有一种是“概念提取”。绿帽子在选择最佳方案时要遵循“最小可行化原则”，具体指的就是最可行、最有趣、最便宜的方案。

黑帽子——从事物的缺点、隐患看待问题，又称困难帽。

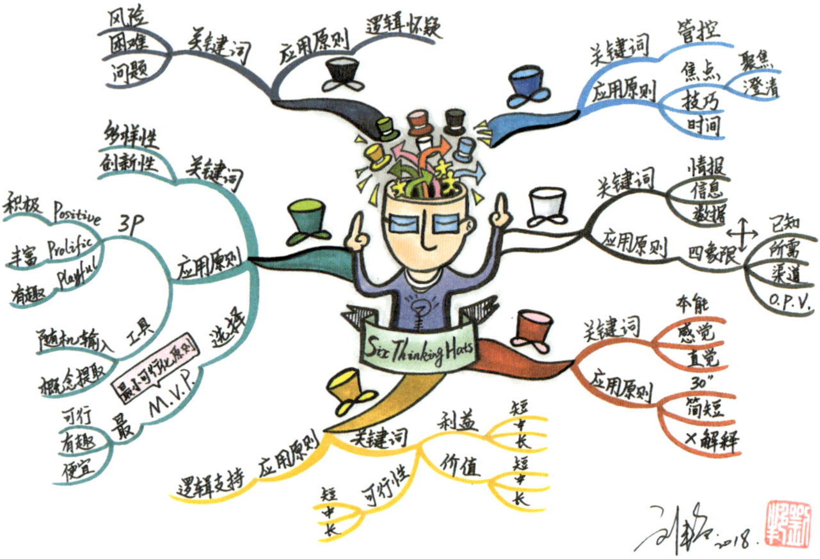

图 4.41　高效会议六帽法

关键词：风险、困难、问题。（黑帽子可以指出我们思维中的薄弱点，强调需要警惕的地方，包括现有的和潜在的问题及隐患。必须给出理由，指出不符合实际、经验、法规、战略和价值的方面。）

应用原则：逻辑怀疑。

| 案例 |

如何用六帽法主持一小时会议？

先确定会议流程：

按照蓝帽子（3 分钟）→白帽子（5 分钟）→绿帽子（20 分钟）→

红帽子（30秒）→黄帽子（3分钟）→黑帽子（3分钟）→绿帽子（5分钟）→蓝帽子（20分钟）这样的时间顺序来展开会议内容的讨论和方案的制订。具体如图4.42所示。

第一步　使用蓝帽子（限时3分钟）。先确定本次会议要讨论的焦点问题：如何提升员工士气。确定的主标题要炫酷。比如，可以叫作"激情燃烧的日子"，副标题要明确，可以叫作"提升员工士气"。

第二步　使用白帽子（限时5分钟）。已知——就已知信息展开思考、讨论：目前员工工作效率低，士气不足，没有凝聚力；管理层很无奈；公司业绩大幅下滑。所需——需要相关的激励政策来调动大家的积极性；需要专业的指导。渠道——从哪里可以获取这些未知的所需信息呢？可以通过对内对外的调研、对标、咨询专家来获取这些所需的信息内容。O.P.V.——他人的观点：公司领导严格把关。

第三步　使用绿帽子（限时20分钟）。用随机图像法展开联想，我们可以回忆一下之前学习随机图像法当中的一个案例——如何提高员工士气（见图4.22），此处可借用该案例展开联想。

第四步　使用红帽子（限时30秒）。根据最小可行化原则：最可行、最有趣、最便宜。用第一感觉选出绿帽子中最佳的三个方案，根据优先顺序排序，所以分别是：①员工关怀，也就是归属感（最有趣）；②明确业务方向（最可行）；③传承企业文化和优良传统（最便宜）。

第五步　使用黄帽子（限时 3 分钟）。寻找事物的优点，分为短期、中期、长期三个阶段。针对红帽子选出的三个最佳方案，可以分别从价值、利益、可行性三个维度来进行思考。“短期”可以让员工更加稳定，管理层在管理时更加轻松，团队更有凝聚力；“中期”可以提升业绩，增加产能；“长期”能够让公司稳步发展。

第六步　使用黑帽子（限时 3 分钟）。针对红帽子选出的最佳方案来进行潜在风险和问题的分析。对此进行分析之后，我们会发现，这个方案背后还隐藏着一系列的问题，例如：在明确业务方向这一点上，员工的业务知识还比较缺乏；通用技能还不够扎实，所以还需要不断提升；目前员工的生活质量还需要改善，光有员工关怀和企业文化是远远不够的，因为物质激励和精神激励同样重要。

第七步　使用绿帽子（限时 5 分钟）。再次针对黑帽子提出的问题调整方案，尽量克服这些问题，鼓励寻找新方案和替换的方案，解决黑帽子刚才提出的三点问题。经过再次分析，最终呈现了以下几个方案。

（1）进行技能和业务方面的培训；

（2）设置晋升通道，让员工明确了解自己的职业发展路径；

（3）让员工更加有归属感；

（4）进行物质和精神的双重奖励。

最后，使用蓝帽子（限时 20 分钟）。根据绿帽子给出的最佳方案，利用 5W2H 法制订执行方案。

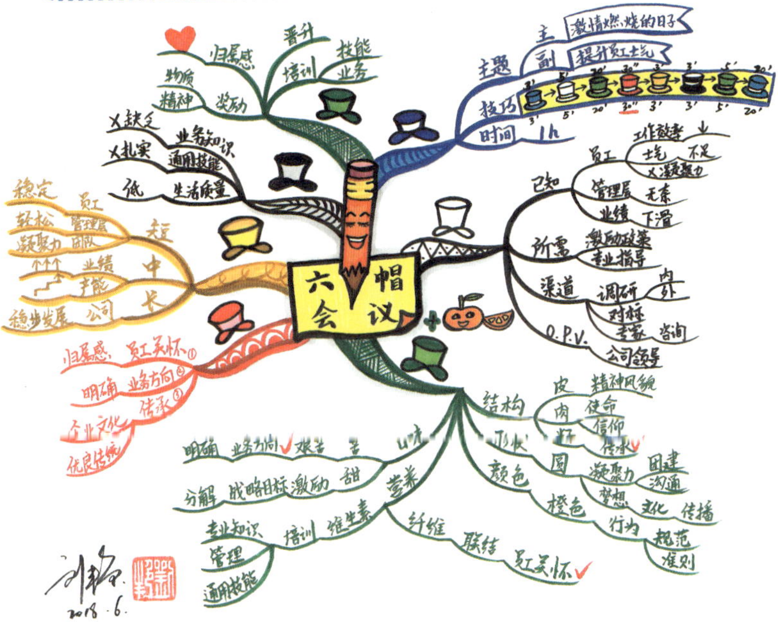

图 4.42　用六帽法主持一小时会议

高效会议六帽法核心秘诀

（1）提前公布议题并发给与会者相关的资料，也就是可以提前公布问题的焦点，即我们亟待解决的问题；把六帽会议的框架图提前发给参会者，以便大家提前熟悉框架内容。但要注意的是，参加会议的人要少而精，可参加可不参加的人尽量不要参加。

（2）会议必须要有主持人，主持人可以引导大家时刻盯住会议的议题，而不是漫无目的地闲聊。就像六帽会议中蓝帽子的职责一样，主持人始终起到的是管控和引导的作用。

（3）一场高效会议的高效结果就是一份完美的会议纪要。会议纪要和会议记录有所不同。记录是对会议内容的记录，而纪要是对记录的提炼和总结，要包含会议结论和后续行动计划。

会议纪要的核心必须包括：已有的明确结论和后续要做的事情的负责人、进度表和考核目标。开会的唯一目的是得出会议纪要。会议的过程只不过是一个集思广益或得出结论的过程。

因此，一次高效会议中的“目标”“规则”“框架”就显得尤为重要。目标指的就是会议的议题和要解决的问题，就是我们整幅思维导图的中心图；规则是指会议以什么样的流程进行，每顶帽子各自的发言顺序、权限范畴等流程性事务；框架就是我们可以套用思维导图六帽法的 8 个步骤来展开会议的讨论。

/// 构想商业模式画布 ///

商业模式就像一幅战略蓝图，可以通过组织框架、组织流程及组织系统来实施。它涵盖了一个商业体的四个主要部分：客户（绿色部分）、产品或服务（红色部分）、基础设施（蓝色部分）、金融能力（黄色部分）。

商业画布的 9 大基本模块

下面这 9 大模块可以呈现出一家企业寻求利润的逻辑过程。

客户细分　用来描绘一家企业想要接触和服务的不同人群或组织。我们为谁创造价值？谁是我们最重要的客户？我们能帮助哪一类客户解决问题？

价值主张　用来描绘为特定客户创造价值的系列产品和服务。我们为客户提供了什么价值？我们帮助客户解决了什么问题？我们满足了客户的什么需求？我们为客户提供什么样的产品和服务组合？

渠道通路　公司是如何沟通、接触特定客户而传递其价值主张的？我们通过哪一种方式来触及客户？我们现在是如何触及客户的？客户通过什么渠道交付费用？客户更愿意用什么方式来支付？

客户关系　公司与特定客户群体建立的关系类型。我们用什么样的形式来建立和维持与客户之间的关系？客户在产品之外，还会因什么爱上我们呢？客户是因为怎样的关系而一直不离开我们？

关键资源　让商业模式有效运转所必需的最重要的因素。我们拥有什么核心资源？我们拥有什么来确保完成价值主张、客户关系、渠道和收入来源？

关键伙伴　让商业模式有效运作所需的供应商与合作伙伴的网络。谁是我们的重要伙伴？谁是我们的主要供应商？谁能帮助我们完成一些必要的工作？

关键活动　确保其商业模式可行，企业必须做的最重要的事情。需要完成哪些关键工作？需要完成什么来确保商业模式各阶段的运作？

成本结构　运营一种商业模式所引发的所有成本。哪些模式为我们带来了成本？商业模式的每个环节是否都被我们分析了？

收入来源　公司从每个客户群体中获取的现金收入（包括一次性收入和经常性收入）。我们的客户愿意为哪些价值买单？客户正在为什么而买单？哪些现在是免费的但可能成为未来的收入？

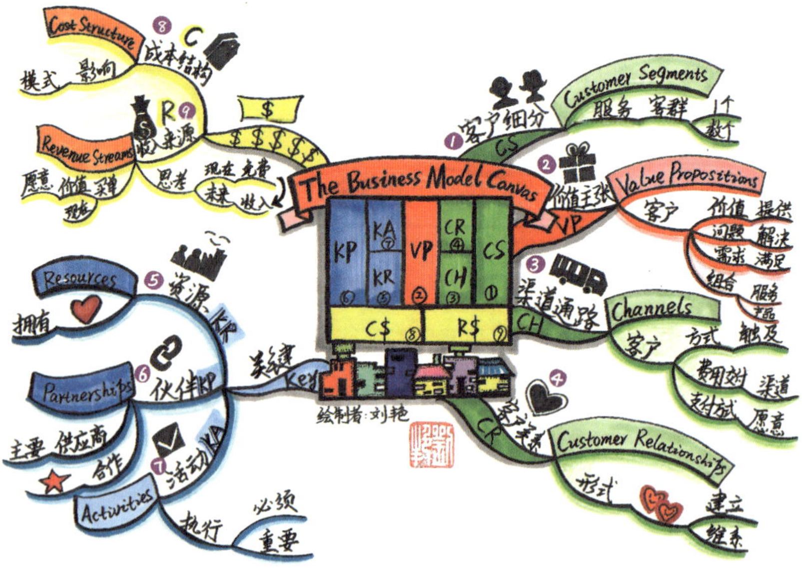

图 4.43　商业画布的 9 大基本模块

图 4.44 是我们在应用 9 大模块时可以用来参考的思考维度和涉及的常见具体内容，从而帮助我们更加有效地进行思考。

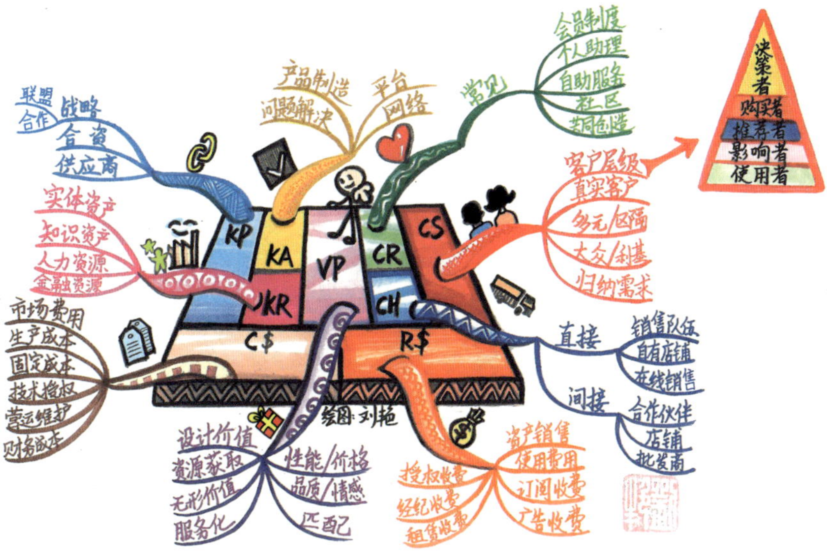

图 4.44　思维导图商业模式画布内容深度解读

| 案例 |

宜家商业模式画布

宜家是全球最大的家居用品企业，也是最受欢迎的品牌之一。关于它成功的秘诀，我们可以概括为三个字：低成本。低成本是常见的 6 大商业模式中的一类，是非常好的一种商业模式，有它独特的设计运行规律。

宜家是怎么做到低成本的？在图 4.45 中，一共分为 9 大部分，它们分别描述了商业活动中最重要的 9 个要素，环环相扣，彼此加强。我们逐一来看。

客户细分 定义客户是每个商业活动的第一步。宜家的客户分为三类，分别是家庭用户、租房的年轻人、公司（办公室添置办公用品）。

价值主张 宜家为客户传递了怎样的价值呢？客户为什么选择宜家？这就体现在画布最中间的这块——价值主张。宜家的价值主张首先是“一站式”，所有家居用品的采购都可以在这里完成，非常方便；其次是“好设计、好生活”；最后是自己动手，你可以自己挑家具、运家具，再组装家具，整个过程很有趣味，还能帮你省钱。

渠道通路 宜家主要将自己的门店（store）作为渠道通路。大家到达宜家之后的行走路线是怎样的呢？我们可以一起来回忆一下：首先是到二楼，在样板房里感受家居带给我们的灵感。本来你去宜家只是想买一个书架，结果发现整个样板房里的东西都想买，因为它们让你感受到这就是你想要的生活。在二楼，你是不用买东西的，你只是拿了一张清单，记下了你中意的商品的货号和货架上的位置。然后你下到一楼，这里才是真正买东西的地方。宜家的大多数东西，不论是大件还是小件，都是可以自助购买的，基本上是不需要营业员帮助的。自己从货架上搬下来，自己运回家，自己看图组装，整个过程非常有趣，不会让你觉得是一次额外的负担。

客户关系 我们的每一个客户群体期待与我们建立并保持何种类型的关系呢？宜家采用的是自动化服务，有其独特的购物流程。就像上段“渠道通路”中提到的那样，基本上是不需要营业员帮助的。自己把商品从货架上搬下来，自己运回家，自己看图组装——此类型的客户关系将相对复杂的客户自助服务形式与自动化流程相结合了。

关键资源 宜家的核心资源是它有门店（store）和强大的设计团队。

关键伙伴 通过全球 OEM（代工生产）供应商这个合作伙伴来完成。

关键活动 一是革命性地将家具设计为平板包装，大大节省了仓储、运输费用；二是全球采购，有非常高效、严苛的质量控制，在品质得到保证的前提下保持低价；三是由他人代劳，由于家具的平板包装设计，再加上宜家独特的购物流程的设计，使得购买家具、运输家具、组装家具的全部流程几乎都可以让客户自己独立完成。让用户来完成一部分本来由宜家做的工作，整个过程有趣味，有参与感。

成本结构 它的主要成本包含全球的设计和生产、门店运营。

收入来源 宜家是怎么获利的呢？首先是货品销售，这是基础链条。在这个基础上，因为宜家带来了巨大的有购买力的人流量，故它还开设餐厅，餐厅每年有18亿美元的收入，相当于一家大中规模的餐饮企业的收入。此外，宜家还尝试了一些新的商业模式，比如商业地产。既然宜家的门店能带来巨大的人流量，显然它还能为宜家带来更多的价值，所以它在现有的商业模式上慢慢地展开了一些新的尝试。

图 4.45 宜家商业模式画布

价值主张解读

商业模式的核心在于价值主张，也就是你能给客户提供什么价值，客户为什么选择你而不是别人。价值主张是客户选择一家企业而放弃另一家的原因，它解决了客户的问题或满足了客户的需求。

如果一家企业的价值主张不清楚，那么它是无法建立合理的商业模式的。星巴克就是最明显的例子。明明就是普通的喝咖啡的休闲场所，但是大家都愿意去。这是因为星巴克的品牌能带给人们独特的心理感受，比如轻松交流的快乐、幸福的生活等。

总之，价值主张是一家企业商业模式的核心。砸钱投入广告可以提高品牌知名度与形象，但是并不能真正提高企业的价值主张。如果你弄不清一家企业的价值主张，要么是你对这家企业的定性研究还不够，要么是这家企业根本没什么价值主张，不值得投资。

价值主张这一模块描述的是为某一客户群体提供能为其创造价值的产品和服务。下面我将通过几个品牌的案例，分别从细分市场、市场地位、标签、广告语四个维度，来解析一下究竟什么是价值主张。

图 4.46 主要举例了 7 个品牌：OPPO 手机、王老吉、香飘飘、东阿阿胶、海飞丝、飘柔、潘婷。分别从细分市场、市场地位、标签、广告语四个维度诠释每个品牌的特点。比如洗发水系列的 3 个品牌：海飞丝的细分市场是“去屑”，飘柔的细分市场是“柔顺”，“潘婷”的细分市场是营养。三者各具特色。

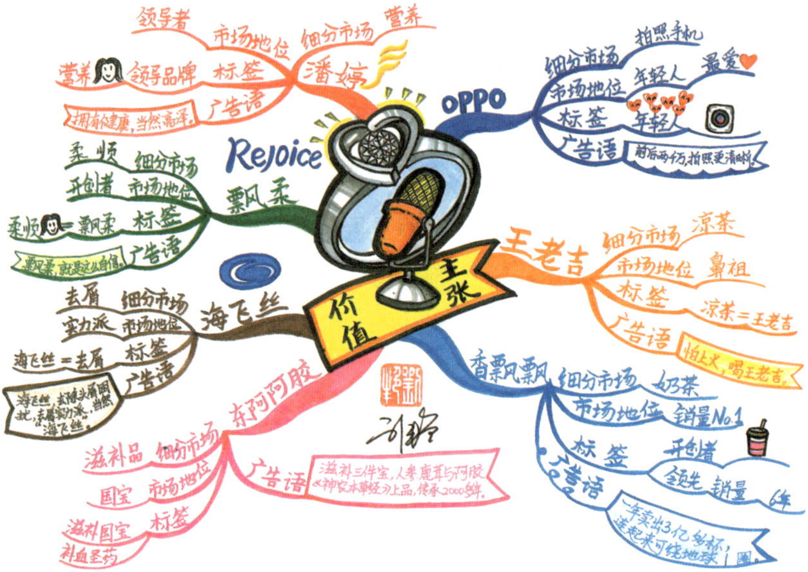

图 4.46 解读价值主张

/// “世界咖啡”问题解决法 ///

20 世纪 90 年代，美国 CL 管理咨询公司的朱尼塔 · 布朗博士和她的合作者戴维 · 伊萨克斯创造了一种新的会议形式：在咖啡店里提出讨论主题、串桌谈话、写写画画、分享经验。这种形式打破了僵化的会议形式和沉闷的组织氛围，为参与者注入了全新的活力，成为激发组织创新能力的极佳工具。

“世界咖啡”是一种创造集体智慧的会谈方法，它让背景各异、观念不一甚至素不相识的人围坐在一起，进行无障碍的轻松交流和畅谈，让深藏的思想碰撞出火花，形成集体的智慧。

我们通过图4.47来了解一下“世界咖啡”的核心要点，力求了解其基本流程和细节。

用思维导图进行“世界咖啡”会谈的应用，就好比品尝一杯美味的咖啡，需要经历选、磨、煮、品的过程。“选”就是确定主题，“磨”就是集体会谈，“煮”就是呈现成果，“品”就是分享成果。

会谈内容

主题：根据实际需求，题目可自拟。

基本规则：所有想法均有效；将所有信息写在大白纸上；互相聆听对方的所有观点；遵守时间规定；探寻共识与行动。

角色：“世界咖啡”的角色分为桌长、记录员、汇报员、时间官四种。桌长职责：遵守会谈时间，掌握会谈进度；鼓励参与，确保每个人都发言，提醒互相倾听；确保始终围绕“中心问题”；通过提问让解决方案更加具体可行。记录员职责：笔记，总结主要观点；用有趣的图像语言反映想法；用思维导图让参与者自愿把自己的观点和思想放在相近的组内，便于人们发现有联系的点。汇报员职责：对内容进行联结、分类、整理；向新成员简述上轮讨论的要点；在会谈结束后向参与者进行汇报呈现。时间官职责：时间过半，响铃一下；还剩一分钟时响铃两下；时间到的时候响铃三下。

会谈流程

（1）将看到问题时脑海里想象出的画面绘制在画布正中央。

中心图的选择有三种方法，可以从三个维度来选择：第一，愿望，可以把最终期望的结果画在画布的中央；第二，差距，也就是形成鲜明的对比，比如你渴望减肥，那么就可以在画布上画一个身材非常苗条的人；第三，内涵，也就是用简单的图像来代表深层的含义，比如成本管控，可以画一把在砍钞票的斧头。

（2）全体静默一分钟思考解决方案，把对于这个问题的思考先用关键词或关键图记录下来。

在会谈过程中，可以设定一些框架模板，比如大家熟悉的 ORID、5W2H、3R2S 等。

这个环节的目的之一是避免直接讨论时产生出的观点不够丰富；二是鼓励参与者动笔，只要一动笔，大家的想法就会源源不断地涌现。

（3）第一轮会谈：桌长引导每位组员分享解决方案。

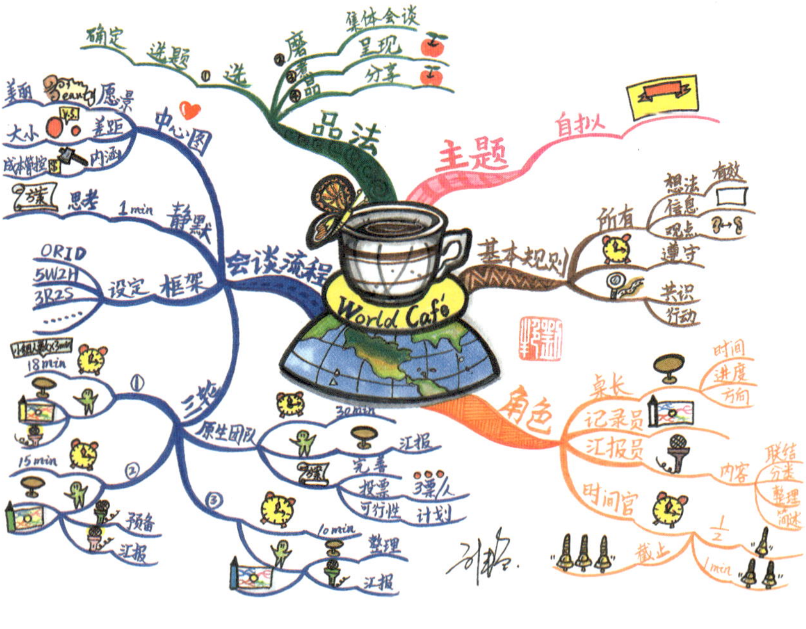

图 4.47 “世界咖啡会谈”内容及流程

每位组员都要思考并分享解决方案；其他组员不打击、不打断；记录员负责记录；桌长提问、澄清，将解决方案具体化、流程化；在既定的时间内完成本轮会谈，确保每位组员都发言。

（4）第二轮会谈：换桌、换问题、换会谈对象继续会谈。桌长、汇报员留下，其他组员按比例对会谈主题进行轮换。

（5）第三轮会谈（同上）。

（6）回归原生团队，整理会谈内容，补充并完善方案，最后投票选出最佳方案。

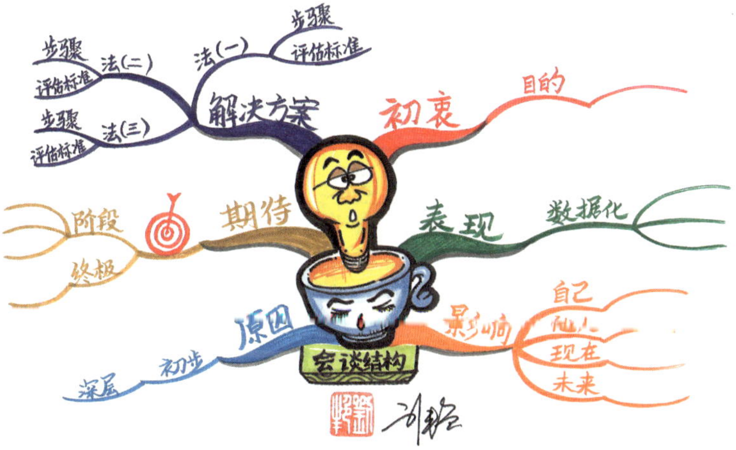

图 4.48 “世界咖啡会谈”结构

会谈结构

大家在会谈的过程中，可以参照图 4.48 的框架模板来进行会谈研讨。将每轮组内大家的研讨方案根据框架指引的维度填充到相应的空白线条上，这样一轮轮下来，框架导图自然就演变成内容丰富且全面的方案图了。最后，大家可以把完整版的方案图重新绘制一遍，成为最终的方案成果汇报图。

如果是解决企业方面的问题，还可参考图 4.49 的结构。

企业问题类型通常分为企业文化、战略、组织、经营管理四大类。

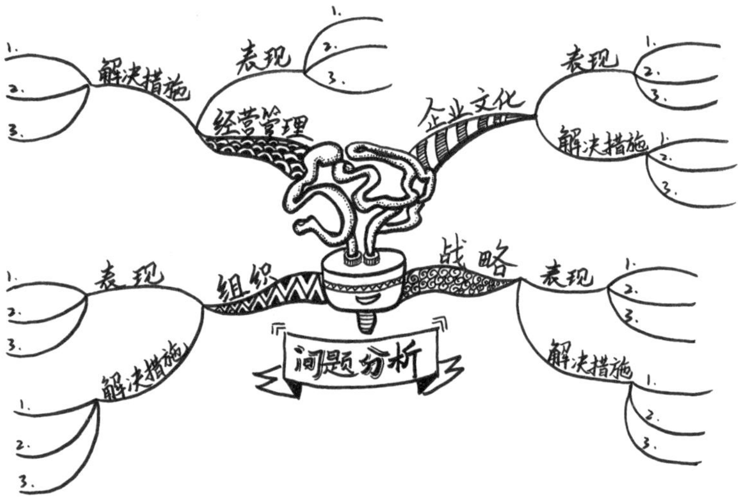

图 4.49　企业问题分析

最近，我在看稻盛和夫的书。我从中了解到，2010 年，年近 80 岁高龄的稻盛和夫受日本政府邀请担任董事长拯救日本国家航空公司（JAL，后文简称“日航”），让濒临破产的日航在 14 个月内扭亏为盈。2012 年 9 月 19 日，日航在东京证券交易所再次上市。

2010 年 1 月，日航因为经营不善陷入困境，不得不向东京地方法院递交了破产申请。而稻盛和夫能够在这么短的时间内让日航扭亏为盈，不能不说是个奇迹。他成功的秘诀到底是什么呢？我们可以用上面给出的“企业问题分析”的思维导图模型来进行深入剖析。

企业文化方面

表现：（1）无经营意识，人心涣散；（2）干部没有领导力；（3）理念、价值观不统一。

解决措施：（1）对中高层领导进行经营意识与领导力的训练；（2）展开“人人都是日航”的哲学渗透活动；（3）编制《日航哲学手册》。

战略方面

表现：盲目多元化（对顾客和产品没有定位）。

解决措施：（1）集中经营资源到航空运输事业（子公司从203家缩减到129家，关联公司从83家缩减到70家）；（2）放弃不盈利的航线（国内从153条缩减到110条，国际从67条缩减到47条）；（3）大幅度缩小自营机场规模（出售关西和中部国际机场地面业务）。

组织方面

表现：（1）组织官僚化；（2）流程过长，决策缓慢；（3）人员过剩，效率低下。

解决措施：（1）建构灵活的组织；（2）经营管理系统；（3）提升机动力（业务部门、业务支持部门和总部）；（4）削减人员（减少35%的员工，由48 714人减至31 263人，共减少了17 451人）；（5）优化流程（报表出表时间由4个月缩减到15天，到当天出阿米巴报表）。

经营管理方面

表现：成本过高。

解决措施：（1）削减飞机种类（由 14 种 279 架缩减到 10 种 227 架）；（2）压缩各类成本（由总部集中采购）；（3）改善设施（大幅缩减办公室使用空间）；（4）修订人事工资、员工福利制度（降低养老金的水准，退休人员降低 33%，在职员工降低 53%）。

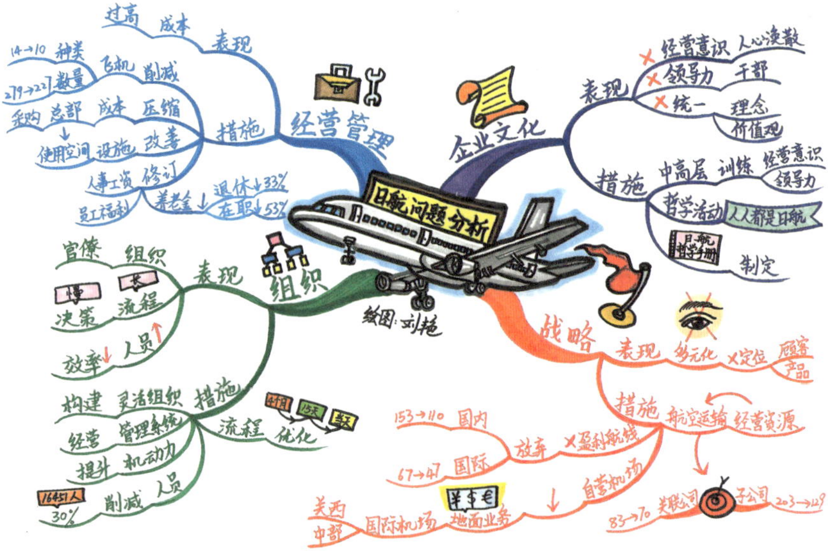

图 4.50　日航问题分析

/// 课堂教学设计 ///

我们同样可以借助思维导图来提高课程设计的效率。特别是在培训中，当讲师领到某一个课题开发任务，或在工作中发现问题从而想将其转化为课程并开展培训时，可供讲师进行课程开发的时间并不多。那么，运用思维导图结合课程设计的关键要素，进行有针对性的分析，可以让讲师在分析的过程中对课题进行深度思考，进而理清思路，避免思维太发散而耽误太多构思的时间。

课程设计有 5 大要点：对象（Who）、问题（What）、原因（Why）、方案（How）、效果（Evaluation）。5 个问题对立而统一，就像医生问诊一样。对象分析：哪个病人得病了？问题分析：病人哪里不舒服？原因分析：为什么要治这种病？方案分析：怎么治这种病？效果分析：如何检验已经治好了？以此找出病因并开出有效的药方。

Who　　**这堂课讲给谁听？**

What　　**为了解决什么问题？**这跟课题方向有关，是培训对象在工作、学习中遇到的问题，与工作、学习场景有关，并具体表现为可列举的行为，要细化到具体的知识、态度和技能方面。

Why　　**为什么要解决这个问题？**这要从开展这个课程的必要性上加以分析，可以从四个方面表达，包括环境竞争层面（外），以及单位战略发展需要层面、领导要求层面、岗位的迫切需求层面（内）。也可以从正反面来描述。问题的解决对单位有什么价值？对个人有什么价值？对客户有什么价值？（正面）如果没解决，对单位有什么危害？对个人有什么危害？对客户有什么危害？（反面）

How　**如何解决或改善这个问题？**这是指基于课堂的解决方案，即需要改变什么态度、传授什么知识、指导什么技能。主要为前期分析的各个问题找出相应的培训内容，一般包含知识、态度、技能，表现为某个具体的概念、要点、原则、流程、技巧、方法等。这里需要把内容罗列得非常具体，有助于各种问题的解决。

Evaluation　**通过什么检验该问题已被解决？**这里说的是在课堂上如何检验，而不是课后在实际岗位上如何检验。采用怎样的教学方法更有效？如何检验学员掌握了这些内容？

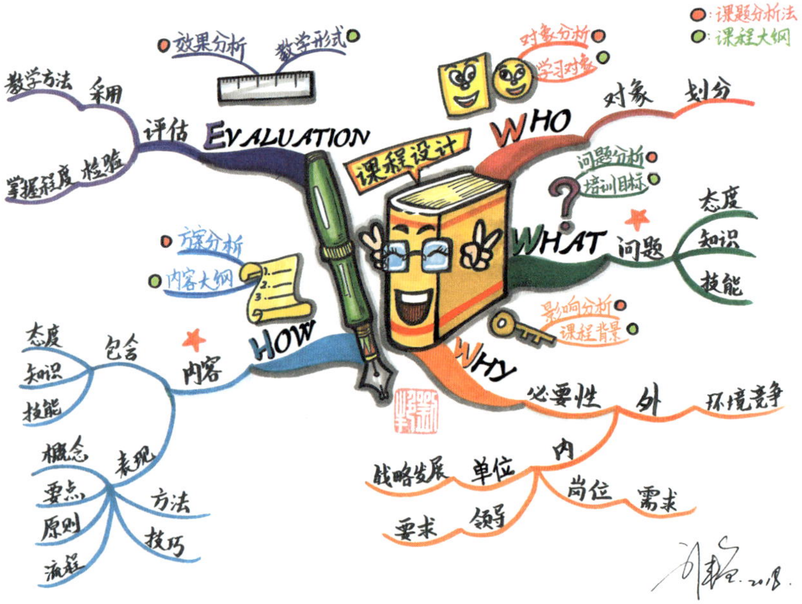

图 4.51　课程设计

企业培训案例

｜案例｜

讲师能力修炼秘籍

图 4.52 的中心图是一位讲师进行能力修炼后，站在舞台上手握话筒展示着自信风采的画面。

Who　面向的人群为需要提升业务能力、精进演讲技能的讲师。

What　培训要达到的目标包括掌握 3–5–8 理论体系及各类书籍的阅读；训练的技能分别是“文功”的“5 定 1 添”和“武功”的“4 招”；整体教学的态度遵循简单、易学、易达成的原则。

Why　这样培训的必要性可从两方面进行对比分析。面对外部竞争激烈的市场环境，想要提升竞争力，获得更多机会，而演讲力会给个人形象加分，能塑造更好的个人品牌；在公司内部，薪酬是根据讲师的等级而定的，讲师讲得好，讲课的课时就会多，反之就会少。

Evaluation　评估培训效果——教学方法分组制为 10 人一组，时间为三天两夜。理论方面采用听、记、演示和评分制，实践方面采用给出命题现场编稿，再演示。小组内先考核，优胜者做结业展示。

How　如何达成——双修，不但要掌握理论功底，还要有实践能力。

理论功底：掌握 3–5–8 体系。“3”：讲师成长的 3 个台阶——主持人、讲师、培训师。“5”：要不断地训练自己的 5 项能力——要不断地累积知识，讲课主旨要明确，在舞台上要收放自如，要有掌控局面的能力，最重要的是要能达成意向、完成交易。“8”：要想实现“3”和“5”，就要不断地训练基本功，就像修炼一门武功要站桩一样。分别从形象、技能和技巧三方面练“风度”“服饰”“带动”“销售”“借力”“总结”“控场”“救场”八步桩功，练起扎实的基本功。

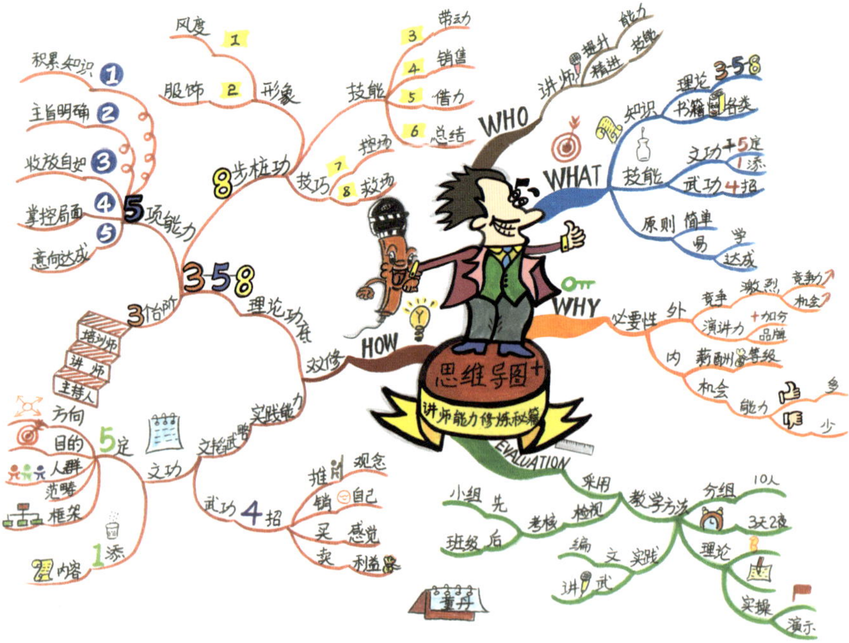

图 4.52 讲师能力修炼秘籍（绘图：董丹）

实践能力：一位优秀的讲师要具备“文韬武略”。文，在课程设计上要遵循“5 定”原则，先定向，然后确定课程目标，确定听课人群，设定授课范畴，制定大纲框架。再逐一添写详细内容（“1 添”）。这是演讲前的准备工作。武，在舞台上演讲要做到推销观念，推销自己以取得信任。顾客买的是感觉，感觉对了就能成交；卖家卖的是利益，是否对客户有利也是成交的关键。

学校教学案例

| 案例 1 |

思维导图语文教学——名著阅读

图 4.53 是统编版七年级下册名著《海底两万里》的教学设计，也是基于思维导图理念的教学设计。

中心图是两个孩子在读《海底两万里》这本书，书上绘有书籍主要内容的插图，并且标注了阅读方法——快速阅读。中心图中的两个孩子，一个特别开心，一个做思考状，寓意这是一次愉快且有深度的阅读。

Who　　七年级的学生，全班一共 46 人，分成 8 组。这些学生已基本掌握了思维导图的绘制方法，并进行了大量练习。同时也学习了快速阅读的方法，有一定的快速阅读能力。

他们还通过看电影《海底两万里》做了初步的预习。

What 从知识、技能和态度三个维度分析。在知识方面，能够把握主题，复述情节，概括内容。在技能方面，继续提高绘制思维导图的能力，以及快速阅读的能力；在合作能力方面，提高分析和整合的能力，增强小组学习的效能；提高学生探究学习的兴趣，可以自选任务，可以探究主要人物尼摩艇长，可以画出航海图或绘制潜艇图。在态度方面，激发学生阅读的兴趣。

Why 对学生从内外两个方面进行分析。外部因素是学习的竞争越来越激烈，要面对考试和排名。名著阅读任务也越发繁重，每个学期要读 6 本书。近的来说，学生要参加中考；远的来说，会对孩子的一生产生重要的影响。从内在因素来看，80% 的学生时间不足，阅读量少，基础差。家庭的阅读环境单一，缺少共读和互动。因此开设课程是完全有必要的。那么如何将开设课程落实呢？

How 具体分为四节课。第一节课分为四个环节，第一个环节是破冰，用 15 分钟激发学生学习的兴趣。具体的方式是向学生展示一些名著的导图，通过读图，让他们体会到掌控一页思维导图的效果。然后出示名著导图的模板，给学生提供一些思路。第二个环节是绘图，用 15 分钟让学生翻看书籍的封面、目录，了解作者、主题、人物、情节，并且快速画出感知图。感知图可以简单粗略一些。第三个环节是老师讲解的时间，老师用 15 分钟为学生讲解快速阅读法和分析阅读法的要领，为学生快速读完整本书做铺垫。第四个环节用最后 5 分钟，让学生思考，制定具体的阅读目标，明确阅读任务。第二节课是用 50 分钟快速读完整本书。第三节课是用 50 分钟让小组合作画出整本书的精细图，包括基本任务和小组选定的探究任务。第四节课是让学生以小组为单位做分享，每组时间为 5 分钟，一共 40 分钟。要求学生看着导图分享学习成果，注意分享内容的独特性，前面的同学分享过的内容，就不用再分享。最后 20 分钟，教师补充疏漏的部分。

Evaluation 从时间、教学方法和检验三个维度评估。时间是周末的一个上午或下午，4 个课时，集中可利用的时间。教学方法是以学生自主、合作、探究学习为主。在自主学习阶段画出感知图，并进行快速阅读；在合作学习阶段画出精细图；在探究学习阶段尝试完成自选图，可以是潜艇研究，也可以是航海图。教师只起辅助的作用，只讲解阅读法和学生疏漏的地方。

如何检验学生的学习成果呢？分别从快速阅读、绘制思维导图和交流分享三个方面考核。在快速阅读方面，如果用一个课时读完了整本书，就算完成了初级任务，可得 3 颗星；如果理解力为 80%，可得 5 颗星。在思维导图的绘制上，如果画出了较为完整的感知图，得 1 颗星。内容比较丰富可得 2 颗星。小组合作的精细图整合了大家的想法，可得 3 颗星，鼓励大家集思广益。如果内容比较准确，就升级为 4 颗星。如果在规定时间内还完成了自选图，可得 5 颗星。在分享交流部分，内容丰富得 3 颗星，语言流畅得 4 颗星，能讲出独特内容则得 5 颗星，鼓励学生有自己独特的阅读体验。

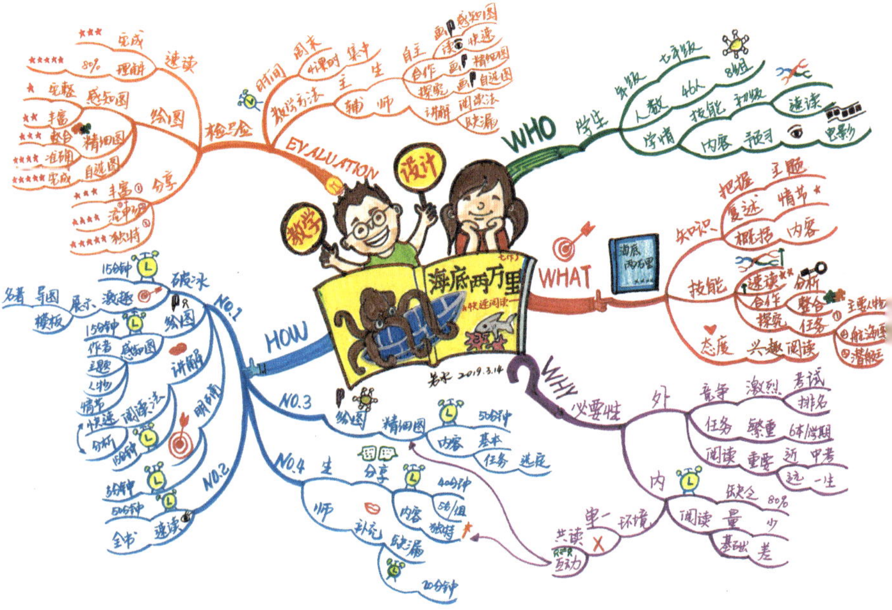

图 4.53 《海底两万里》教学设计（绘图：薛丽娜）

| 案例 2 |

思维导图代数教学——一元一次方程

1. 认识。在讲解工程类问题之前，首先要让学生们明确与本节课有关的基本概念。

（1）工作总量通常设为“1”。

（2）工作总量的求法：①工作效率 × 工作时间，即 $v \cdot t$；②各部分工作量的总和；③常用公式：人均效率 × 人数 × 时间。

2. 例题。（1）给出问题；（2）带领学生用思维导图分析问题并画出分析问题的思维导图；（3）最后解决问题：设未知数、列方程、解方程、作答。

3. 练习。（1）给出问题；（2）学生学习老师提出的方法，用思维导图分析问题并完成思维导图（填空）；（3）解决问题：设未知数、列方程、解方程、作答。

4. 总结。总结解工程类方程问题的步骤：（1）画，画思维导图分析问题；（2）找，找问题的等量关系；（3）列，设未知数、列方程、解方程（检验意义）、作答（具体见图 4.54）。

例题：某配件厂原计划每天生产 60 件产品，改进技术后，工作效率提高了 20%。这样不仅提前 5 天完成了生产任务，并且比原计划多生产了 48 件产品。求原计划要生产多少件产品？

分析：用思维导图分析问题。问题中提到了“原计划”和“改进后”两部分内容，所以首先分析原计划的情况。

原计划：每天生产 60 件，即工作效率是：60 件 / 天。从题目可以得知改进后比原计划多生产了 48 件，但是原计划生产多少件未知，所以将原计划生产量设为 x，从而得知原计划生产时间为 $\frac{x}{60}$ 天。

改进后：问题中提到改进技术后，工作效率提高了 20%，所以改进后的工作效率是：60（1+20%）件 / 天，生产量：（x+48）件，时间：$\frac{x+48}{60（1+20\%）}$ 天。

找等量关系：从问题中得知改进技术后会提前 5 天完成生产任务。

所以等量关系为：原计划时间 – 改进后时间 =5。

用符号语言表示为：$t_{原计划}-t_{改进后}=5$。

列方程：通过上面的准备，就可以轻松地列出方程：

图 4.54 实际问题与一元一次方程（绘图：李帅）

$\frac{x}{60}-\frac{x+48}{60(1+20\%)}=5$。列出方程后，剩下的问题就容易了——解方程、检验、作答，问题解决。

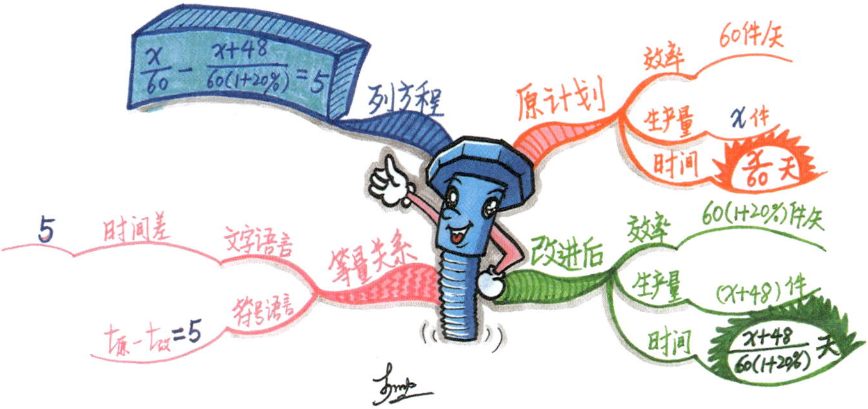

图 4.55　一元一次方程例题解读

| 案例 3 |

思维导图几何教学——平行线的性质

本节课分为四个部分（具体见图 4.56）:

1. 探究。两条平行直线被第三条直线所截，那么同位角、内错角、同旁内角分别有怎样的关系？探究①同位角的关系，方法是用量角器测量每对同位角的度数，发现两条平行直线被第三条直线所截，那么截得的同位角是相等的。探究②内错角关系，方法是通过探究①的结论推理证明，两条平行直线被第三条直线所截，那么截得的内错角是相等的。探究③同旁内角关系，方法是通过探究①的结论推理证明，两条平行直线被第三条直线所截，那么截得的同旁内角互补，即同旁内角相加等于 180°。

2. 性质。通过前面的探究得出平行线的性质：两条平行直线被第三条直线所截，那么截得的同位角是相等的，内错角是相等的，同旁内角互补。

3. 出题角度。通过探究得知平行线的性质，接下来要掌握与平行线的性质有关的题型。（1）计算类，如：求角度问题。（2）推理证明类，如：证明两直线平行、垂直等。

4. 应用。

（1）计算类：如图所示，如果 $AB \parallel DF$，$DE \parallel BC$，且 $\angle 1=65°$，求 $\angle 2$、$\angle 3$、$\angle 4$ 的度数。

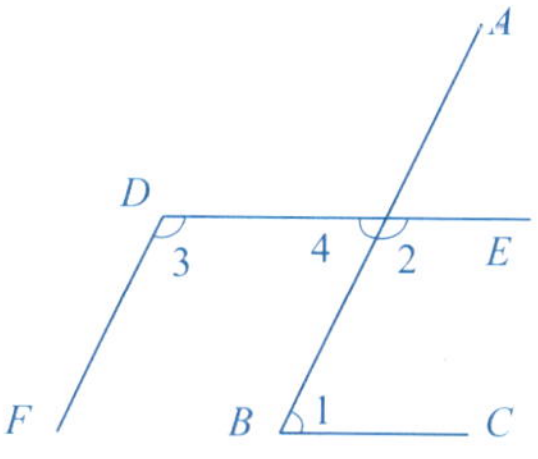

（2）推理类：如图，在△ABC 中，$\angle 1=\angle 2$，点 E、F、G 分别在 BC、AB、AC 上，且 $EF \perp AB$，$DG \parallel BC$，求证：$CD \perp AB$。

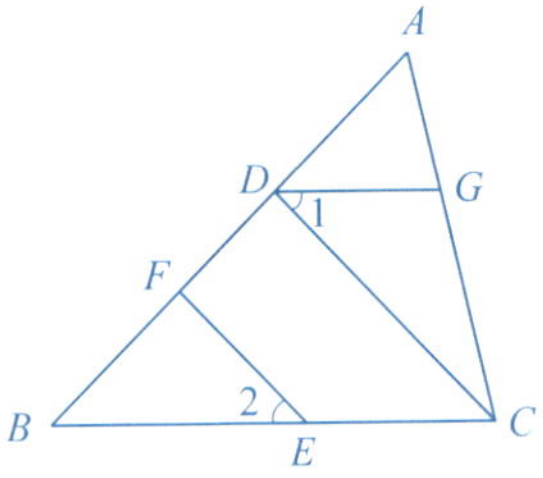

分析 1：计算类

先分析问题的三个条件：$AB // DF$，$DE // BC$，$\angle 1=65°$ 。

接下来分析依据每个条件可以间接得到哪些信息。

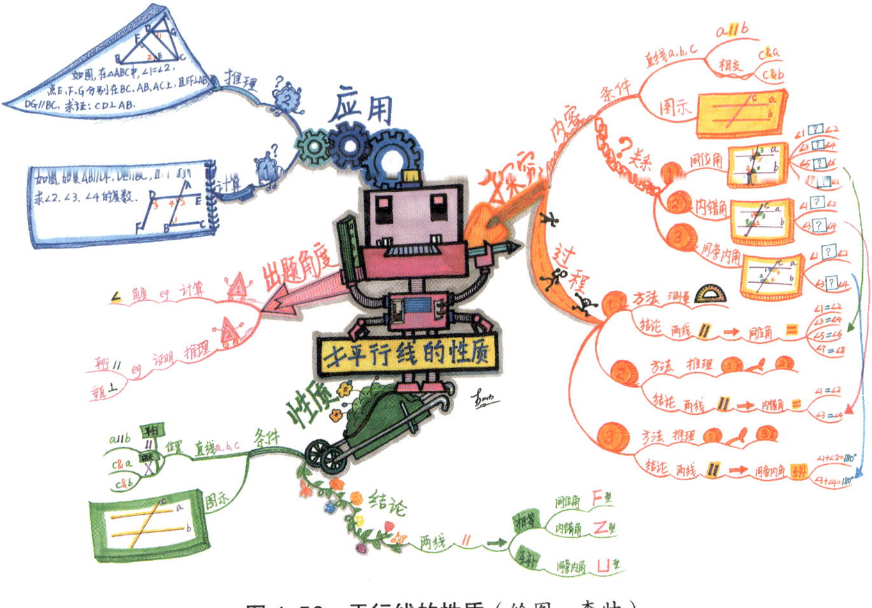

图 4.56　平行线的性质（绘图：李帅）

① $DE \parallel BC \Rightarrow \begin{cases} \angle 1=\angle 4 \Rightarrow \angle 4=65^\circ \\ \angle 1+\angle 2=180^\circ \end{cases}$（根据平行线的性质 2、3），

由$\angle 1=65^\circ \Rightarrow \begin{cases} \angle 1=\angle 4=65^\circ \\ \angle 1+\angle 2=180^\circ \Rightarrow \angle 2=115^\circ \end{cases}$（根据等量代换）。

② $AB \parallel DF \Rightarrow \angle 2=\angle 3$（根据平行线的性质 1），

由$\begin{cases} \angle 2=\angle 3 \\ \angle 2=115^\circ \end{cases} \Rightarrow \angle 3=115^\circ$。

结论：$\angle 2=115^\circ$（根据平行线的性质 3），

$\angle 3=115^\circ$（根据平行线的性质 1），

$\angle 4=65^\circ$（根据平行线的性质 2）。

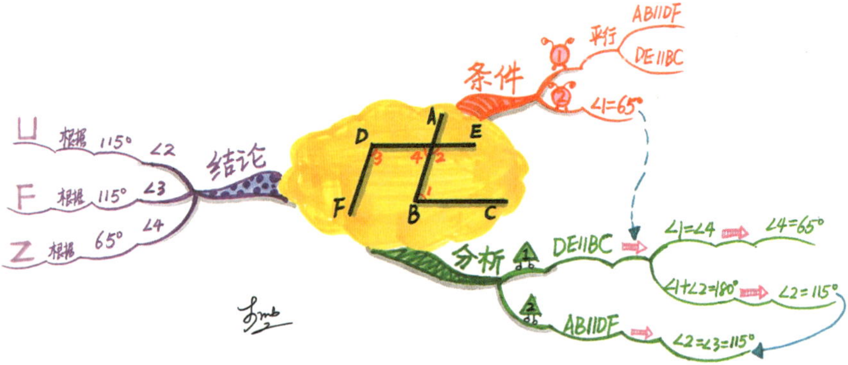

图 4.57 平行线的性质例题解读之计算类（绘图：李帅）

分析 2：推理类

通过问题要证 $CD \perp AB$，只需证明 $CD \parallel EF$，从而考虑到同位角是否相等。这里设 $\angle DCB = \angle 3$，而要证角相等，这里可想到平行线的性质，所以此问题从条件中的平行出发开始分析。

① 由 $DG \parallel BC$（条件）$\Rightarrow \angle 1 = \angle 3$（根据：两直线平行，内错角相等）。

② 由 $\begin{cases} \angle 1 = \angle 3 \\ \angle 1 = \angle 2 \text{（条件）} \end{cases} \Rightarrow \angle 2 = \angle 3$（根据：等量代换）。

③ 由 $\angle 2 = \angle 3 \Rightarrow CD \parallel EF$（根据：同位角相等，两直线平行）。

④ 由 $\begin{cases} EF \perp AB \text{（条件）} \\ DC \parallel EF \end{cases} \Rightarrow CD \perp AB$（根据：平行线性质中任意一个均可）。

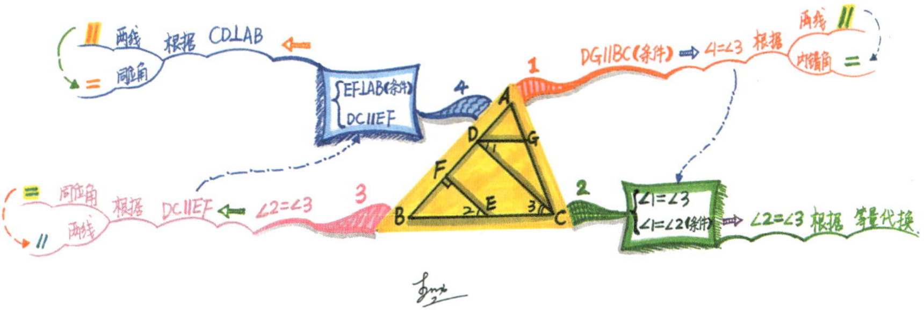

图 4.58　平行线的性质例题解读之推理类（绘图：李帅）

| 案例 4 |
思维导图英语教学

A Wet Night

Late in the afternoon, the boys put up their tent in the middle of a field. As soon as this was done, they cooked a meal over an open fire. They were all hungry and the food smelled good. After a wonderful meal, they told stories and sang songs by the campfire. But some time later it began to rain. The boys felt tired so they put out the fire and crept into their tent. Their sleeping bags were warm and comfortable, so they all slept soundly. In the middle of the night, two boys woke up and began shouting. The tent was full of water! They all leaped out of their sleeping bags and hurried outside. It was raining heavily and they found a stream had formed in the field. The stream wound its way across the field and then flowed right under their tent .

以上是选自《新概念英语》第二册中的英语短文。

运用思维导图分析这篇英语短文，可以辅助记忆，同时还能快速掌握生词和常用短语。

运用思维导图进行教学的具体步骤如下。

第一步：看到这篇短文，首先要通读全文 1~2 遍，并译出中文意思。在翻译的过程中，标注不认识的单词，并查找它们的中文意思，进而理解全篇内容。

第二步： 根据译义，对短文进行分层。这是一篇简单的记事短文，可以根据文章中的时间线索进行分层。原文中表示时间段的句子分别是"Late in the afternoon""But some time later it began to rain"" In the middle of the night"，即"傍晚时分""过了一阵子，天下起雨来""午夜前后"。根据这三个时间段，将原文分为三层，分别描述在每个时间段男孩们具体在做什么。

第三步： 提取关键词。

（1）提取的关键词以名词和动词为主。

（2）英语短语可以用图像表示，其中表达的中文含义可以借助谐音法来呈现，具体提取的关键词如图 4.59 所示。

第四步： 绘制导图。

第五步：运用导图记忆短文。

根据时间发展顺序，这篇短文可分为三个层次。

中心图——短文主题为雨夜，月亮、乌云、雨滴表示下雨的夜晚。几个男孩在搭帐篷、读书、唱歌，晚上突然下起雨来，男孩们半夜醒来时发现田野间形成了小溪，溪水从帐篷下面流过。图像内容与原文内容相结合。

大纲主干——整幅思维导图由五个部分组成，分别是生词、短语、层次 1、层次 2、层次 3。

第一部分——生词。大纲主干上的关键词是“WORDS（生词）”，也就是“新词”。这里用爱心和问号表示对文中要掌握的“生词”进行延展。二级分支根据单词的词性进行分类，包括名词、形容词、动词。

第二部分——短语。大纲主干上的关键词为“PHRASES（短语）”，由三个断开的玉石组成，“断玉”的谐音为“短语”。二级分支表示具体的短语，并用图像来表示，分别为搭帐篷、灭火、醒来、爬出帐篷。

第三部分——层次 1。其中数字 1 代表短文的第一层次，核心事物为帐篷，故大纲主干由橙色的帐篷和数字 1 组成。主要讲述傍晚时分，在田野中央，孩子们搭帐篷、煮饭、讲故事、唱歌。

第四部分——层次 2。其中数字 2 代表短文的第二层次，下雨形成小溪，用蓝色的河流表示，故大纲主干由蓝色的河流和数字 2 组成。主要讲述天晚些时候开始下雨了，孩子们感到困倦，他们扑灭了篝火，进睡袋休息，睡袋格外温暖舒服。

第五部分——层次 3。其中数字 3 代表短文的第三层次，箭头代表方向和流动，故大纲主干由向右的箭头和数字 3 组成。主要讲述孩子们半夜醒来，发现下雨了，小溪流过帐篷。

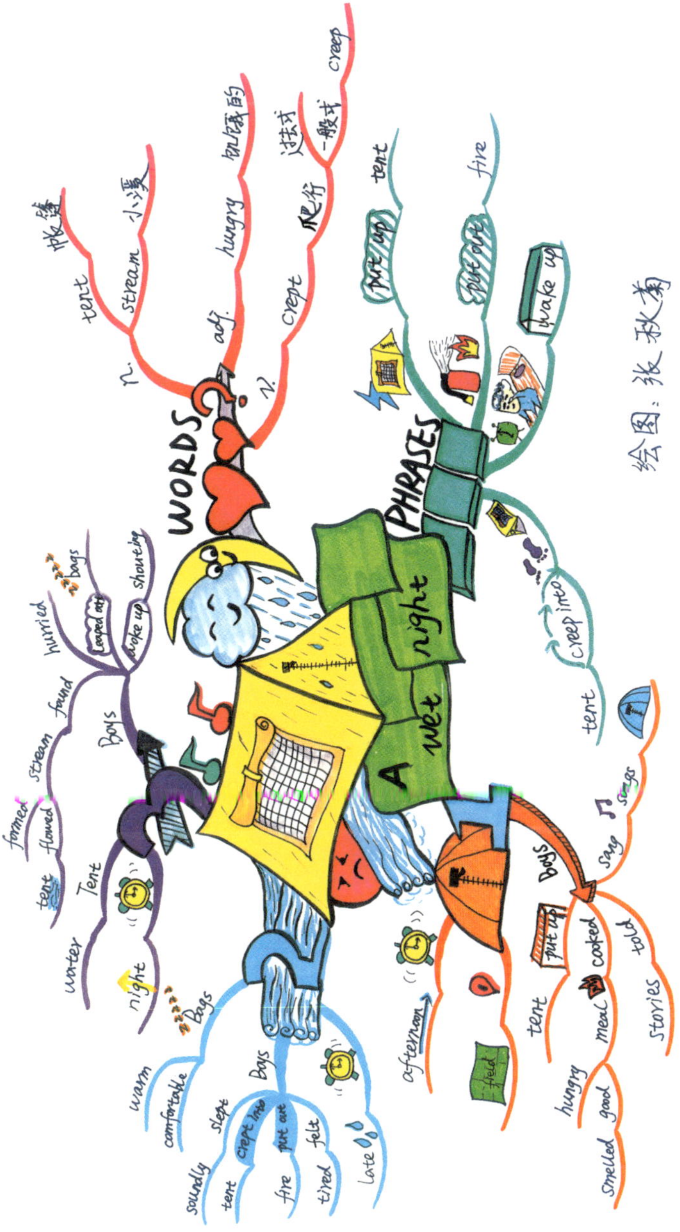

图4.59　A Wet Night（绘图：张秋菊）

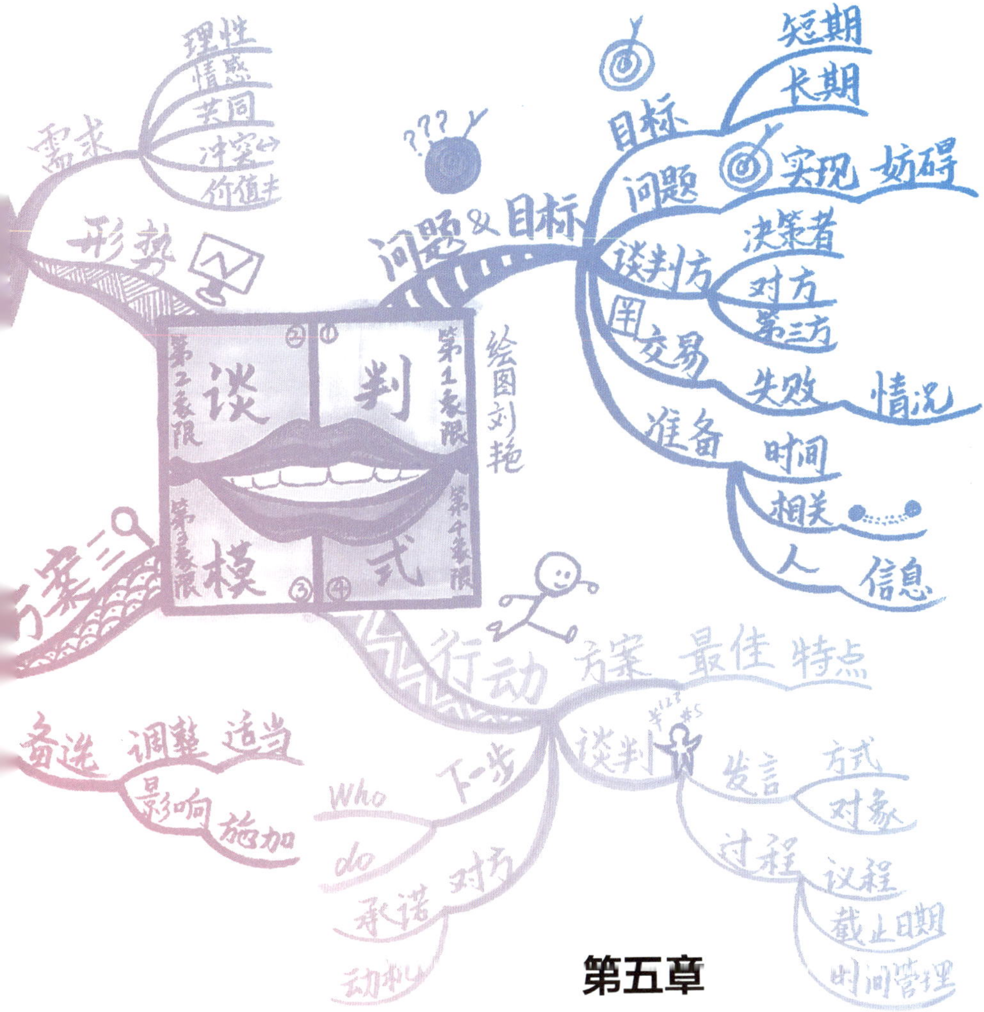
谈
判
模
式
第1象限
第2象限
第3象限
第4象限
绘图刘艳
问题&目标
目标
短期
长期
问题
实现
妨碍
谈判方
决策者
对方
第三方
围
交易
失败
情况
准备
时间
相关
人
信息
行动方案
最佳
特点
谈判
发言
方式
对象
过程
议程
截止日期
时间管理
下一步
Who
do
对方
承诺
动机
备选
调整
适当
影响
施加
需求
理性
情感
共同
冲突
价值
形势
方案三

第五章

学员实用案例

/// 案例1：亲子教育——如何教会孩子思考？ ///

【导图解析——预习、复习《醉翁亭记》】

图 5.1、图 5.2 和图 5.3 的作者是一对母子，妈妈是一位优秀的语文教师，儿子是一位初一的学生。我们一起来看看这位妈妈是如何运用思维导图引导孩子爱上思维导图的。

图 5.1 是文言散文经典名篇《醉翁亭记》的板书设计。中心图是醉翁亭，亭子中心是欧阳修的卡通图，旁边还画了两个开怀大笑的百姓，突出"与民同乐"的主旨。根据课程教学流程设计，四条大纲主干分别是"知内容""理结构""明主旨""寻美点"。

第一分支"知内容"。重在了解文章内容。文章一共分四段，分别用一个关键词概括："亭子""山景""游宴""暮归"。再细读课文，又会发现每部分内容的写作层次。从导图上可以看出全篇最主要的部分在"游宴"，它为我们描绘出多层次的风俗画："滁人游""太守宴""众宾欢""太守醉"。

第二分支"理结构"。文章以"乐"为主线，前后呼应，结构严谨，分别写了"山水之乐""宴酣之乐""禽鸟之乐""游人之乐""太守之乐"。

第三分支“明主旨”。“太守醉”是表象，“太守乐”才是实质，由乐而醉。因山水而乐，因百姓而乐，与民同乐。

最后一条分支“寻美点”。带领学生感知文章的“景美”，诗情画意，秀丽多姿；“情美”，政治清明，与民同乐；“语言美”，遣词凝练，音韵和谐。一幅图让人读懂了一篇文、一个人。

图 5.1 《醉翁亭记》板书设计（绘图：薛丽娜）

图 5.2 是孩子学习《醉翁亭记》的预习导图。图 5.2 画了一个醉翁亭作为中心图，四条大纲主干分别从作者、生字、词语及结构方面进行梳理。文言文的预习要求学生了解文章的作者及写作背景，读熟课文，扫清字词障碍，翻译课文并整体感知课文，了解课文内容。第一主干内容从字、号、籍贯（地）、作品（作）、朝代（时）、评论（评）等方面对作者进行了梳理。第二主干内容则将生字从音、形、义方面整理出来，并且在疑难处如“壑”“觥”“翳”等字之后画出小图标加深记忆。第三主干内容从词语的角度梳理，把出自本文的两个成语单独摘出来，也在疑难处添加小图标，如

"伛偻"旁边画了一个驼背的老人，在"肴"旁边画了一只烤山鸡，在"蔌"旁边画了一把青菜。第四主干内容是对文章结构的梳理，将四个段落分别概括为"醉翁亭""景色""乐""醉归"。醉翁亭从"环境"和"亭名"两个方面来写。景色则从"朝暮"和"四季"角度来写。第三段写了游人之乐、众宾之乐和太守之乐。第四段"醉归"，写太守"自得其乐"。预习导图是孩子自己对文章的感受和理解，看他的导图就可以了解他的预习情况。从图 5.2 可以看出，他对文章的把握基本上是正确的。

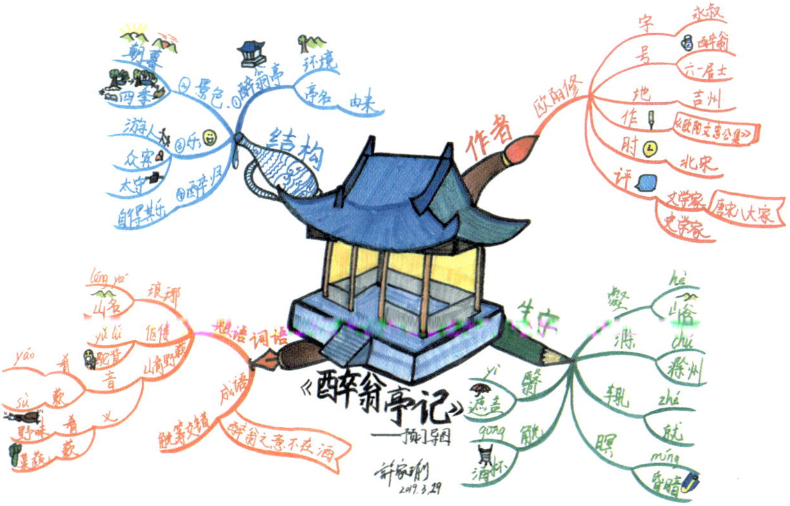

图 5.2 《醉翁亭记》预习导图 1（绘图：许家瑜）

学习完课文，还要让孩子画出复习导图。每个孩子的学习情况不同，复习导图可以根据孩子自己的学习情况来绘制，可以画出知识的详解图，也可以根据自己的学习情况画出专属于自己的重点内容导图。图 5.3 就是后者。该图没有事无巨细地画出所有内容，而是有所选择。这幅思维导图的中心图是太守在醉翁亭宴饮的情景，由图的选择可知孩子对文章的理解上升了一个层次。这幅图主要由两部分组成，分别是对文章的理解和重要的知识点。在学习文章的过程中，他没有照抄板书，而是根据自己的情况做了选择，如在“内容”部分，重点补充了“游宴”和“暮归”；在“结构”部分则做了相应的补充，如以乐为主线，“宴酣之乐”是“吏民同乐”，“游人之乐”是“安居乐业”，“太守之乐”是“与民同乐”。在“美点”的语言部分，“音节铿锵”批注了 21 个“也”、25 个“而”。在“知识点”这条主干上，主要从“一词多义”“古今异义”“特殊句式”三个方面做了总结。古今异义选了两个考试

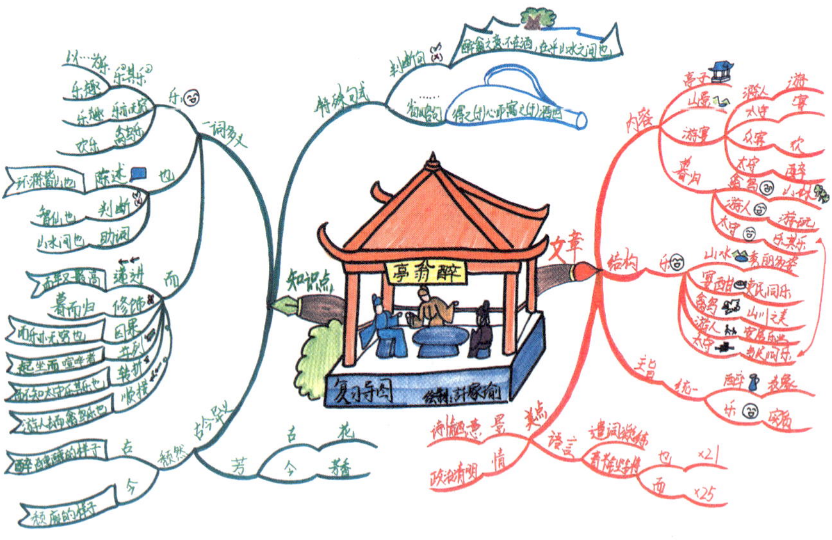

图 5.3 《醉翁亭记》复习导图 2（绘图：许家瑜）

易考的考点“颓然”和“芳”；一词多义选了“乐”“也”“而”三个重要的文言词语；特殊句式选择了判断句和省略句，并且将它们图像化，有助于理解和记忆。从整体上来看，这幅导图的实用性比较强，既突出了重点，又体现了个性化。

【导图解析——导图构思作文《漫步清华园》】

运用思维导图快速绘制出作文大纲，再根据作文大纲写出优秀的作文。来看一位初一同学是如何根据导图作文大纲写出优秀作文的。

用思维导图绘制写作大纲的步骤：

1. 审题立意

审题就是细致、周到地理解、诠释题目的含义，以便按照题目的要求去作文。要通过审题正确理解题目的含义和要求，确定写作的内容、重点和文章的体裁。审题时运用发散性思维，帮助我们打开思路，捕捉灵感，尽可能多地想出各式各样的角度，从而找到创新点。

立意就是作者为文章确立主题。立意时运用聚合性思维，将多种立意角度概括归类，明晰思考的方向，选取其中的最佳角度。立意主要依从正确、深刻、新颖、简约的原则。

2. 构画导图

构画导图就是借助思维导图构思的过程。它可以把我们的写作思路由抽象变为具象，使之在纸上完整清晰地呈现出来。首先我们要做的就是确定立意，展开联想，一边构思，一边构图。在绘制思维导图的过程中，我们的思维会逐渐由自由发散到定向聚合，便可以搭建出写作的框架了。

（1）拟定题目：漫步清华园。

（2）明确主旨：描绘清华园的内景，表达对清华园的热爱和向往。

（3）确定体裁：散文。

（4）安排结构：结构是文章的内部构造，是对材料具体恰当的组织安排。如果把主旨比喻为文章的灵魂，把材料比喻为血肉，那么结构就是文章的骨架。本篇作文采用的是“总—分—分—分—总”的结构。

（5）罗列内容。

思考好文章开头的方法。通常有以下这些方法：开门见山，亮明观点；巧用修辞，展示文采；开篇引用，突出主题；悬念引入，吸引读者；描写环境，烘托背景；等等。在这篇作文中，作者采用的是“描写环境”，对环境恰当的描写，能够为全文渲染气氛，烘托人物心情，达到以景衬情、情景交融的效果，从而把读者逐步代入我们前行的目标——清华园。

安排好材料的组织顺序，层次井然。安排文章的内容要有一定的顺序，即先写什么，后写什么，怎样过渡，要有条不紊地构建起文章的框架。

选择好重点内容。标明“详”“次详”“略”字样。

确定好文章结尾的方法。通常有以下这些方法：首尾呼应，凸显主题；抒情议论，升华中心；呼唤号召，言为心声；借助修辞，卒章显志；巧妙发文，引人深思。文章结尾要以“精炼简洁，富有韵味”为原则。文章的结尾要讲究精炼，或总结全文，或抒情议论，或点明主题。在这篇作文中是总结全文，用“一上午”这个词，囊括了整篇作文所交代的事情，最后用充满期待的话语表明决心。

3. 完善导图

这个过程属于结构内容调整、补充和完善的过程。文章结构“大体则有，定体则无”。写作既要遵循突出主题的原则，又要根据题材的特点进行布局谋篇，不拘泥于固定的结构，要敢于创新，设计出表达效果最佳的篇章结构。整幅思维导图分成 5 个部分，第一部分写明前往的地点是清华园；第二部分写了校园小路旁的场景；第三部分写了清华大学建筑下的场景；第四部分重点描写荷花；第五部分总结全文，表明目标与志向。

4. 依图行文

根据导图写作大纲开始行文。在行文表达时，要根据所写的文体，运用得体的语言加以表达，力求明细畅达，自然得体。俗话说得好，借得佳句成华章，也就是说要学会“引用”。因为名言佳句的出现会为文章锦上添花。在文中作者引用了朱自清的《荷塘月色》中的佳句。诗词名句文化底蕴丰厚，语言凝练，形象鲜明，最富情感与文采。作文时，若能恰到好处地引用或化用一些诗词文句，一定会使文章文采倍增，充满诗情画意。

我们来看具体的作文内容。

漫步清华园

大地，被似火的骄阳拥抱着。每个人，都被浸在这难耐的燥热之中，难以脱身。哪怕是这样，却丝毫减退不了游人的热情。我们错峰而行，背上背包，带上相机，戴好帽子，骑着共享单车，来到了朝思暮想的清华园。

此时的清华校园内人不多，零零散散的游客大多都是拿着相机到处拍摄，步履匆匆。首先映入眼帘的不仅是一排排郁郁葱葱的青木，还有清华园的学生宿舍——一排排整齐的红房子。房前的空地是那样宽阔，地上却一尘不染。一砖一瓦，都展现着历史的风貌。骑进小路，便看到了爬山虎。那片爬山虎绿得沉郁，如同一片浓浓的湖水。远远望去，一墙绿油油的爬山虎，像绿色绒毯挂在墙上。

与其说是校园，倒不如说它是一座放大版的公园。这里有庄严雄伟的欧式风情大礼堂，它在周围绿草地的映衬下显得格外静谧；有清华大学那白墙白瓦标志性建筑的“清华园”校门，很多游人都在此处合影。走了一个多小时后，我们才简单地绕了清华大学半圈。停下来休息时，路边有一些骑着自行车卖清华大学纪念品的人。他们卖的是书签、钢笔、徽章之类的刻有“清华大学”字样的小物件，还有售卖老北京冰棍儿的老人。

因为荷花开得正旺，所以才能够让我目睹“接天莲

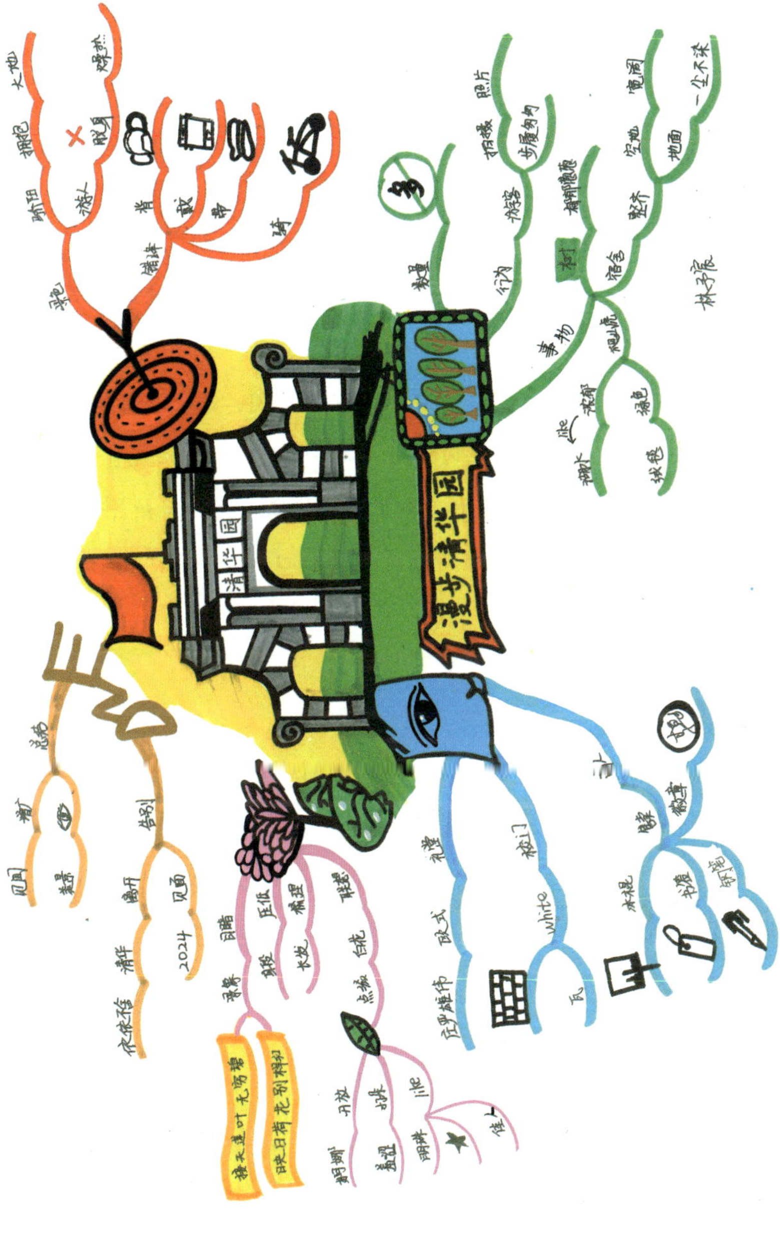

图 5.4 《漫步清华园》作文大纲（绘图：林子宸）

叶无穷碧，映日荷花别样红”的风采。几棵垂柳在荷塘边，压低了身段，正照着湖水梳理着“飘飘长发”。看到这美景，我不禁想到朱自清的《荷塘月色》中荷塘的样子：“层层的叶子中间，零星地点缀着些白花，有袅娜地开着的，有羞涩地打着朵儿的，正如一粒粒的明珠，又如碧天里的星星，又如刚出浴的美人。微风过处，送来缕缕清香，仿佛远处高楼上渺茫的歌声似的。”

短短的一上午，不仅丰富了我的见闻，还让我目睹了盛夏里的荷塘美景。时间匆匆流过，不容我细细观赏，我即将告别此地。离开清华大学，就像是离开了故土，尽管如此，这段体验还是让我刻骨铭心。六年后，我们在清华大学见。

【导图解析——古诗词鉴赏】

图 5.5 的作者本身就是一位超级学霸，想象力极其丰富。他运用思维导图绘制了对李清照的词作《渔家傲》的鉴赏。

图 5.5 的中心图所画的内容全都是词中包含的意象。正中的鱼表示词牌名“渔家傲”；与水连接在一起的云朵表示“天接云涛连晓雾”；风车和小船表示“千帆舞”；风车又能表示吹动的“九万里风”；浪尖上的小船又是被“吹取三山去”的“蓬舟”；而展翅的鸟则表示“正举”的“鹏”。

第一条大纲主干讲的是李清照的简介，所以该同学画了一个女人的侧脸。

第二条大纲主干讲的是写作的背景，于是她画了海上“欲转”的“流星”。这又与她曾经的出海经历相符合。“背景”二字又使用了艺术字，将“背”字的下半部分变形成贝壳的形状，又将“景”字的上半部分变形成眼睛的形状。“经历”二字上方画有金梨，表谐音。

第三条大纲主干画的是词的原文，分为上下两片。上片的第一个图像中，海浪和云朵相连接，表示“天接云涛连晓雾”；转动的星星、风车和浪上的小船表示“星河欲转千帆舞”。第二个图像中，一个正在睡觉的小人张开嘴巴，他的灵魂从嘴里冒了出来。冒出的灵魂旁有一个箭头指向戴有王冠的位置符号，表示“仿佛梦魂归帝所”。第三个图像中，一朵云正在殷切地询问方位（一个里面带有问号的位置符号），旁边有一只耳朵听见了这句话，表示“闻天语，殷勤问我归何处”。至此，上片的内容已经画完了。

下片的第一个图像是一个张开的嘴巴，舌头往外伸出。舌尖上的夕阳与感叹号和舌根上表示“无穷夕”的“[illegible]”合在[illegible]起，表示“我报路长嗟日暮，学诗谩有惊人句”。第二个图像中展翅飞翔的鸟和刮起的风表示“九万里风鹏正举”，其旁边的蝴蝶又表示这句话是作者化用庄子的《逍遥游》中的典故（即用蝴蝶指代庄周）。第三个图像中，依旧有风，还有被风吹得要转动的小船。在它的旁边又有箭头，指向三座山，表示“风休住，蓬舟吹取三山去”。

第四条大纲主干是对文本的赏析。带有眼睛的夕阳，表示赏夕阳即“赏夕”，与“赏析”谐音。“逍遥游”三字下的蝴蝶，与之前在飞鸟旁的蝴蝶有着相同的意义，都指代庄子这个人及其作品。

“愁”字旁带有问号的位置符号与先前云朵说的话里的符号也有相同的意义，都表达了“何处”，连在一起，表示“归何处”的愁绪。

图 5.5 《渔家傲》鉴赏（绘图：胡桓嘉）

【导图解析——考试复习大纲】

在复习文字类学科的时候，思维导图的主要应用在于知识点的概括、归类、联系和发散。这幅导图是这位学生在复习生物课本知识的时候画的，内容是“整体的稳态”，这里的“整体”是指种群、群落和整个生态系统。中心图是一部相机拍下来的一张风景照，照片是群落演替的森林阶段。因为群落演替是他在这几章学习中最薄弱的地方，所以这样的中心图让他不自觉地会联想很多，包括群落演替的定义、初生演替和次生演替的异同等。这幅图的内容是按照种群—群落—生态系统这样由小到大的顺序来排列的。

第一条大纲主干是“种群”。

第二条大纲主干是“群落”，这一部分很明显地体现了绘制导图的一个法则，就是线条由粗到细。在这部分内容里面，他比较了四种种间关系，这样对比它们的定义和图像，可以更清楚它们的异同。

第三条大纲主干是“保护”，这部分最开始是没有的。因为他在一次考试中做错了一道关于生态系统保护的题，所以才加上了这条分支。这也是导图的一个优点，就是可添加性非常强，可以随时把想到的要点填充到线条上。

第四条大纲主干是“演替”。这条大纲主干上的图很有意思，乍看之下是两幅小插图，其实这是群落演替的两个阶段，还有一个图像就是中心图，箭头最后指在了中心图上。

最后一条大纲主干是“生态系统”，主要是把这一章中的重点提炼出来画在图上，就是“食物链”“物质循环”“信息传递”。其实此处还应该有“能量流动”，但是“能量流动”是这学期的重难点，所以他准备用另一幅导图做一个专题来攻破。在这幅图里，他只是提了一下能量流动和物质循环的关系：能量流动是物质循环的动力，物质循环是能量流动的载体。

这幅图里还有很多小插图。其实他的生物导图中每幅导图的小插图几乎一样，因为他已经形成了图像语言，对于固定的词（尤其是生物专业名词），用固定的图表示。比如在这幅图中（专业名词图像）：出生率——奶瓶；死亡率——墓碑；进化——一个细胞变成鸟，然后变成人；生存空间——一个简易的房间；时

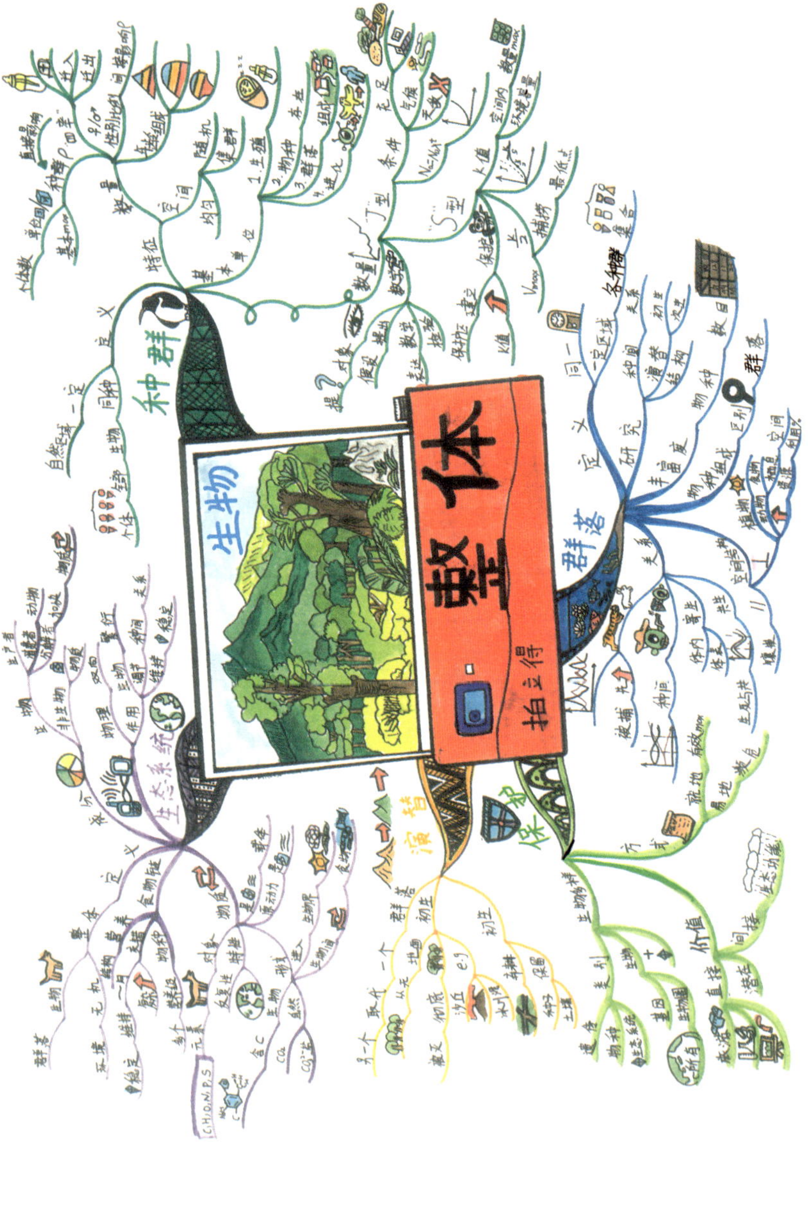

图 5.6 《生物必修 3》（人教版）4～6 章考点复习导图（绘图：陈虹宇）

间——时钟；竞争——一个穿得像西部牛仔的大细胞和一个小细胞正在对打；捕食——雪雕正在追一只兔子；能量——电池……这幅导图从整体上看，构图比较饱满，但也有适当的留白，布局比较合适。在线条方面，这幅导图使用的都是比较细的线条。因为该同学画这幅导图的目的不是为了美观，而是想画有实用性的学科导图，使用比较细的线条可以增加内容的容量，体现了思维导图把大量知识点储存在一幅图上的强大作用。

/// 案例2：高校人才培养工作评估 ///

【导图解析】

黄丽学习思维导图的初衷是一年前接了“高校人才培养工作评估”的工作时遇到了难题。这项评估工作涉及7个主要评估指标、22个关键要素；人才培养状态数据平台涵盖11类，共105张表、33个观测点，涉及全院师生、所有部门，以及上万条数据分析、汇总、反馈。第一轮设定学院实施细则，部门要对标、对表自查自备。第二轮评估工作到了瓶颈期，毫无进展。怎么推进？效果从何体现？要依据高职教育理念，促进学院内涵建设，达到教育部相关事项要求。

中心图主要结合高职教育对人才培养的目标——打造创新型、适应型人才，设计了一条生产流水线，寓意不同的学生经学院培养，将成为服务社会的创新型人才，飞到更宽广的就业空间。

主干分成四大阶段——目的、原则、培养、反馈，包括对第一轮工作的总结梳理，以及对第二轮工作的启示。

目的：在依托全国高职教育文件的精神下，在教育部的质量保障下，学院深化内涵建设，达成校企合作和工学结合的人才培养模式，推进学生适应力、创新力的养成。

原则：从查、评、态、量四个维度保障评估工作的方向，促使人才培养工作有序推进。

培养：通过七站式高技能人才培养路径，深化企业合作“零对接”就业，从教师培养到自我内化，促进自主学习、创新能力的提升，成为人生赢家。

反馈：分为教学、成才、执行三个部分。教学模式做到产—学—研，促进全局意识，创新、专业、岗位三项协同发展。教学督导从自下而上和自上而下双通道多方位监测效果，及时调整人才培养方法和手段。学生成才：通过多元化素质培养，使学生参与学校管理和脑力运动思维导图课程，培养全方位人才，促进就业的宽度。教师成才：校外引进专家、校内教师修炼内功，打造双师型高效能师资团队。由于评估工作执行难推进，遭遇瓶颈期，为促成强有力的行动，用5W2H分析问题，用5Why法查找问题，用四象限法则促成行动。

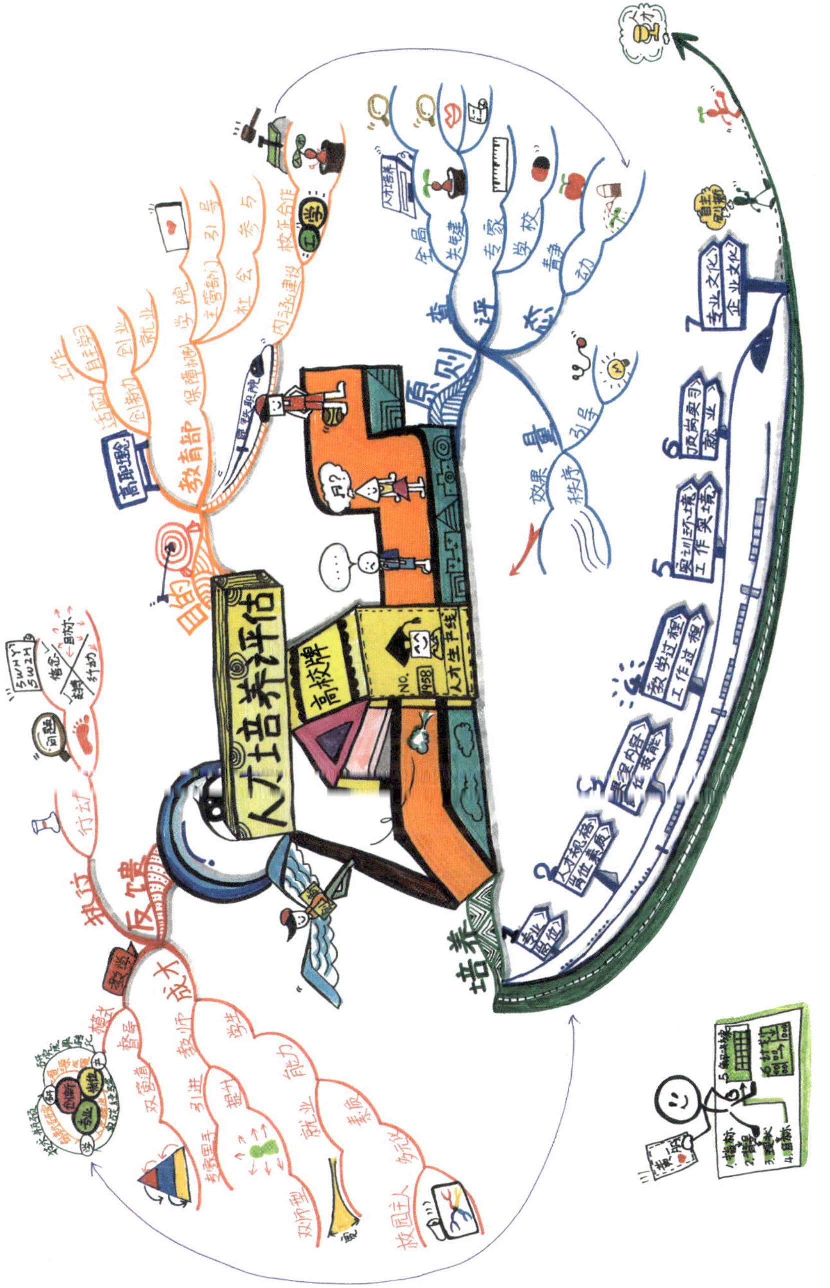

图5.7　高校人才培养工作评估（绘图：黄丽）

/// 案例3：有效谈判模式 ///

【导图解析——谈判概述】

第一部分：常人观，即常人眼中的谈判。结果是双赢或有输有赢。态度是强硬或温和。具体衡量依据是：谈判世界是否充满理性，谈判对手是否强悍，谈判辞令是否会使谈判陷入僵局或无法达成协议。

第二部分：谈判的新定义。迫使对方按照你的意愿行事，让对方按照你的思路思考，让对方理解你想让他们理解的观念，让对方感受到你想让他们感受的东西。

图 5.8 谈判概述

第三部分：核心目标。争取更多的金钱、美食、关爱、旅行、责任，以及更多打篮球的时间、听音乐的时间、看电视的时间。

第四部分：情形。立足于人们在真实生活中的观点、想法、感受和生活方式。

【导图解析：四象限谈判模式】

四象限谈判模式有助于将谈判结构化，并能提供一份方法清单。它可以提供一个组织性原则，使谈判的准备工作更加有效。你既可以独立运用这一模式，也可以和团队成员一起运用这一模式。

第一象限：问题和目标。目标是指你在谈判结束时想得到的东西，分为短期目标和长期目标。问题指的是妨碍目标实现的事物。谈判中的各方包括决策者、对方和第三方。要想找出在谈判中起关键作用的谈判方，你必须找出决策者及对决策者有直接影响的人。谈判中，我们还需考虑交易失败后该怎么办，最糟糕的情况是什么。至于准备工作，我们需要清楚地知道时间、相关方，以及谁掌握了更多信息。能否胜过对方人多取决于你是否愿意花时间和精力去搜集有关对方和形势的信息。

第二象限：形势分析。明确各方需求可以让结果更愉悦，为此我们需要了解各个维度的需求：理性的、情感的、共同的、相互冲突的、价值不等的。观念代表谈判各方脑海中的想法、角色转换、文化、矛盾冲突、信任。沟通指的是谈判双方提供信息的方式，包括风格、关系。准则与对方做决定时采取的标准有关。重新检查目标：就双方而言，为什么同意？为什么拒绝？此时要暂停并观察你在之前的所有步骤中学到的东西。你制定的初始目标仍然现实吗？如果不现实的话，你就需要做些改变。

完成第二象限所有的步骤之后，你就会得出一份有待解决的问题清单。你需要找出解决这些问题的备选方案，将所有事情进行优先级排序。

第三象限：选择方案。首先需要集思广益，谈判方可以实现目标、满足需求的方案有哪些？交易的条件是什么？有何关联？接下来的这几个步骤将有助于你提高制定决策的效率，让你能迅速选出最佳方案，找出解决问题的最佳方法。循序渐进策略包括降低风险的具体步骤。通过循序渐进的提议方式，即建议采取一系列比较小的步骤，你能降低对方感知到的风险吗？在帮助达成交易或避免达成交易方面，哪些第三方会起到重要作用呢？比如共同的敌人，而且是有影响力的人。你能用更具有说服力的方式来表达或加工信息吗？表达方式指的是为对方勾画蓝图、抛出问题。最后就是备选方案，完善你的备选方案，如有必要，要对谈判进行适当调整或施加影响，以帮你达成协议或改变权力平衡。

第四象限：采取行动。首先要挑选出最佳方案，最佳方案具有如下特点：对方最有可能接受、看起来风险最小、让你更靠近自己的目标、会得到第三方的支持、能创建一个美好的未来。其次是谈判发言人，具体指的是发言方式和发言对象。确定采取何种方式展示你的提案十分重要。要搞清楚对方对你的提案进行考虑的过程，也就是谈判过程，这里涉及议程、截止日期、时间管理等方面。要让对方按他们所认可的方式做出承诺，否则你就会白白浪费时间。很多堪称完美的谈判最终并未取得预期效果，其原因是后续工作没有做到位，下一步是什么？截止日期是什么时候？谁还要做什么？对这些情况都要了解清楚。

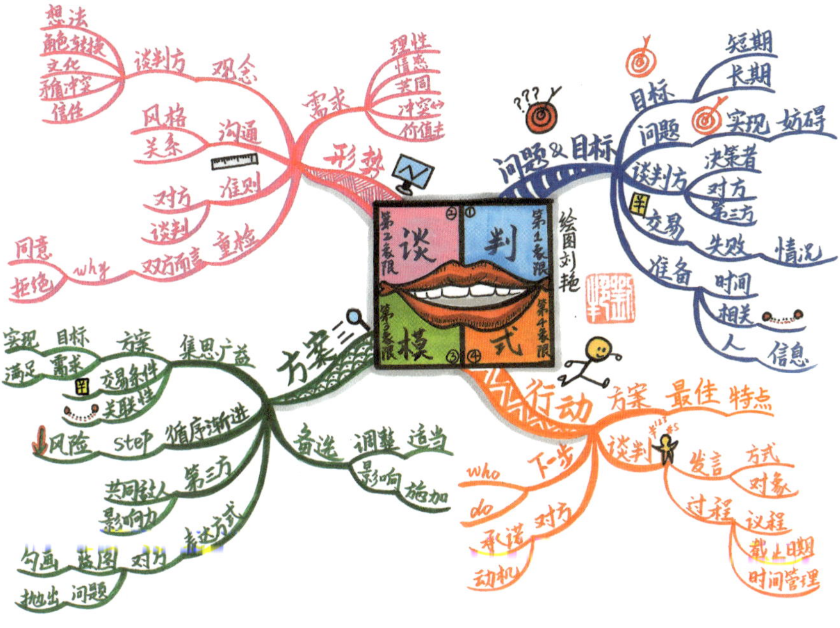

图 5.9　四象限谈判模式

/// 案例4：轻松搞定招标 ///

【导图解析】

该绘制者绘制图 5.10 的初衷是因为年底大家工作量很大，又赶上公司参加投标，整个部门有些手忙脚乱，进度缓慢且争吵不断。这幅导图是用来梳理本次投标必须要注意的事项及明确人员责任的。这次投标项目分为四大阶段：前期、中期、后期和现场。

前期：主要是准备工作，包括样品的准备。按照招标要求，需要有一套样品供现场使用，但我们需要留出备品以防现场出现故障，要注意在此期间不断更新测试程序、硬件及 App。检测机构要询价对比，还要注意资质是否符合。年底工作本身较多，要非常注意投标人员的安排。

中期：要检测样品，对不符合招标公告的功能进行及时改进，保证时效性。文件的编写分为技术、商务和 PPT 三大部分，其中技术是重中之重，每个人需要认真负责自己的部分，避免出现差错；商务类的商务偏离表最为重要。

后期：要准备商务文件、投标保证金及合标。其中商务文件是后期的重点，缺一不可，需要格外注意。合标的过程中需要保证每本标书不多于 300 页，1 正 4 副，密封盖章签字后装箱。

现场：要保证及时到达现场签到，迟到则废标。现场演示环节主要展示产品与众不同的优势和设计理念。最后的现场报价环节主要看在现场是否需要降低相应的价格。

这幅导图在使用的时候，每个环节都有相应的负责人，每个

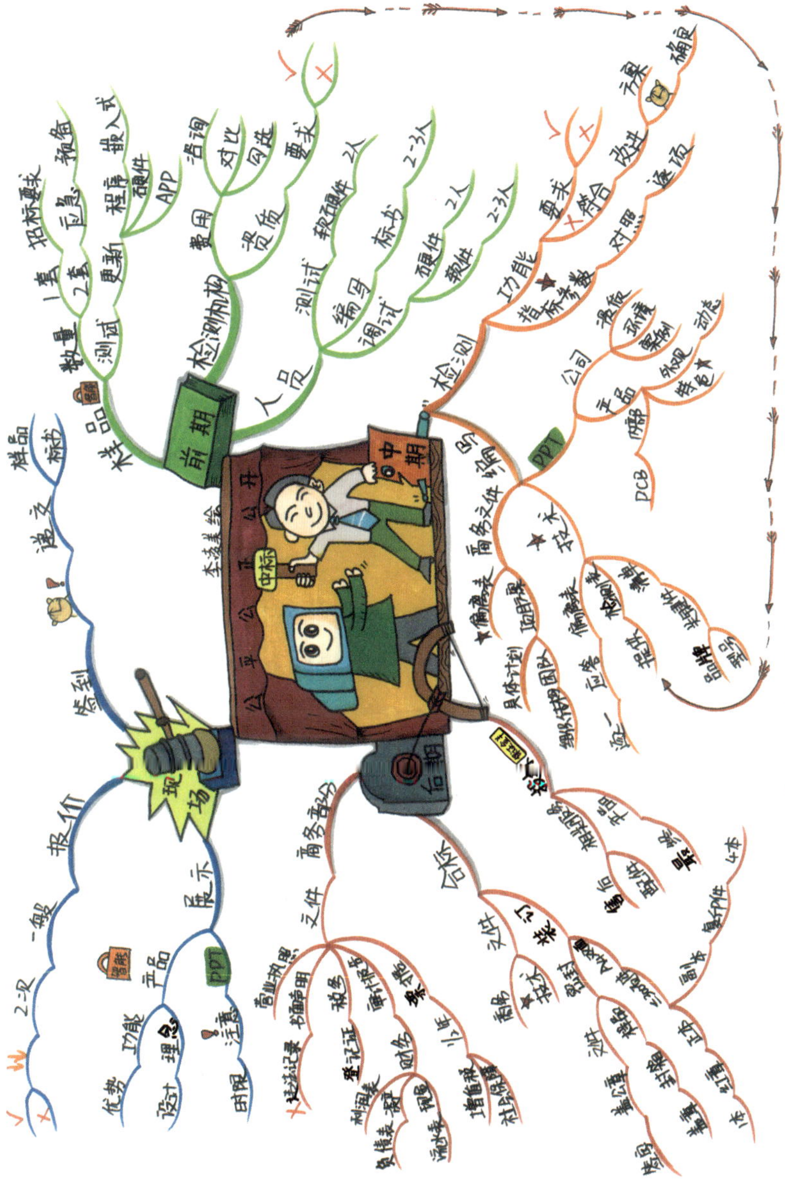

图三 10　组织项目招标（绘图：李凌美）

阶段分配的时间并不相同，中期时间分配最多。大家在按部就班完成自己的工作时，也能顺利找到为自己提供支持的人员，从而避免相互推诿，也能保证效率。

/// 案例5：六大营销策略 ///

【导图解析】

策略一：市场格局。当前品牌的市场格局是竞争性差异化，已经明显误入歧途，具体表现为商家竞争越激烈，它们之间的差异就越小，即同质化严重。

策略二：产品定位。商务人士习惯依靠叙述性工具来描述产品和品牌。例如：酒店按照奢华程度、服务水平和地点描述，笔记本电脑按照价格、性能、质量和重量描述。

策略三：消费者。消费者大致可分为产品类别专家、投机主义者、实用主义者、不情愿消费者、品牌忠诚者。

策略四：产品升级。加法升级是把一种产品（或一种“价值呈现”）看作一系列优势，产品营销员通常会强化这些优势。有时，他们也会强化一种产品已经存在的优势。比如，增强清洁剂的去污能力，或延长产品的保修期。有时他们会为同一种产品增添附加功能，比如往清洁剂里添加柔软剂，或者在保修期内提供退款服务。这样的代价是导致顾客出现享乐适应症。无论怎样，企业采用加法升级的目的就是无止境地投消费者所好。加法升级的例子随处可见，例如从前牙膏只有预防龋齿这一功效，如今则具有清新口气、去除牙垢、美白牙齿等多重功效。乘法升级指的是企业不断推出针对特定消费群体的专门产品，这样的代价是导致市场异质性的同质化。例如，可口可乐公司会同时生产多种可乐：健怡可乐、樱桃可乐、零度可乐、可口可乐等。

策略五：同质化。原因是为了达到业内标准，扩大消费的群体，满足客户的需求。结果是集体平庸，所有品牌趋同。事实上，企业越是努力参与竞争，它们与其他企业之间的差异就越小。

策略六：核心战略。品牌营销的三大核心战略：逆向品牌战略，即减少服务项目，提高服务质量；超越行业品牌战略，即彻

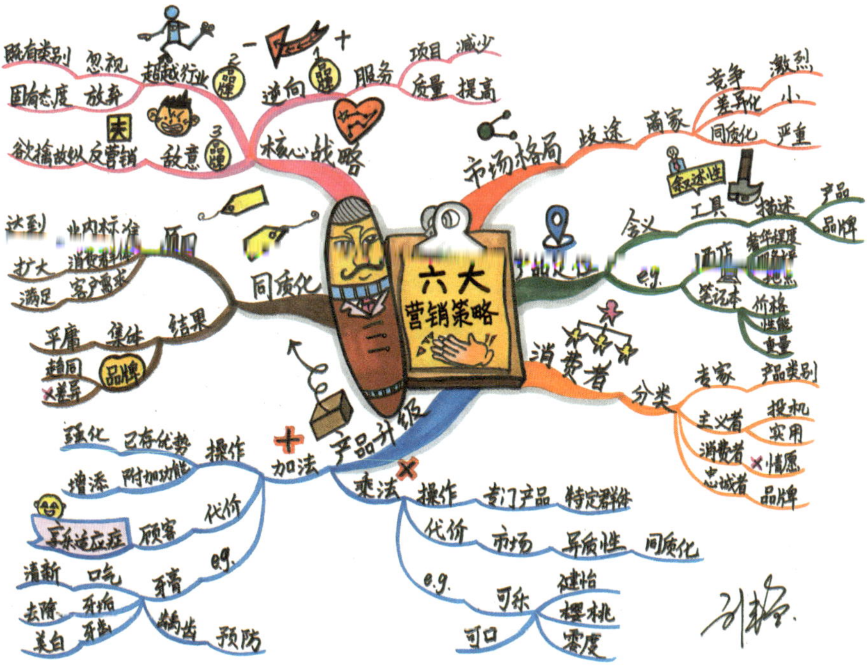

图 5.11 六大营销策略

底忽视既有的类别定义，放弃固有的态度，把消费者从习惯性的消费节奏中拉出来；敌意品牌战略，即欲擒故纵，不以传统方式进行营销，甚至有一点反营销，拒绝使用吸引顾客的传统理念。

/// 案例6：职业资格考试 ///

【导图解析——备考一级注册建筑师】

一级注册建筑师考试科目众多，知识点庞杂，在绘制复习版思维导图时，主要分为导航图（母图）与迷你图（子图）两大类。以必考科目《建筑材料与构造》中的“建筑材料”部分为例。作为各种建筑工程的物质基础，建筑材料品种繁多，性质各异，因此该科目的重要考点是了解多种常用的建筑材料，以及每一种材料各自的性能、规格、检测情况、适用范围等。通过导航式的母图，我们不易迷失在分散的知识点中，同时又能将复习与联想相结合，构建属于自己的知识体系。用 8 个字概括职业资格考试的复习方法，即为“统观全局，逐一击破”，具体步骤如下。

第一步，通过快速浏览教材的前言、目录及各章节的小标题，进行归纳与总结，使用思维导图整理一幅全书重要知识点的导航图（母图）。例如，教材共有 12 节内容，但经过分类组合后，可提炼出 5 个关键词，作为图 5.12 的 5 条大纲主干，由此厘清各种材料之间的相互关系与内在联系。利用次级分支垂直发散的深浅，凸显重点与难点。由图 5.12 可见，混凝土（砼）、钢材、木材这三种结构材料定是重点中的重点。值得注意的是，导航图（母图）

重全忌深，但又不是简单地罗列书本中的所有内容，必须是思考后的逻辑体现，旨在定位、理解与联想回忆。

图 5.12　导航图：一级注册建筑师“建筑材料”复习纲要（绘图：刘薇）

第二步，为每一章节绘制一幅迷你导图（子图）。以结构材料中的“建筑砂浆”为例，此为较容易被忽略的知识点。迷你导图的绘制不仅使考点变得清晰明确，且涵盖了考试需要掌握的所有内容与深度。用一页思维导图代替多页文字，为复习节约了大量时间。

在图 5.13 中，第一条大纲主干为砂浆的技术性质，其余为不同类别的常用砂浆名称。次级分支则为各类砂浆的性能特点、技术要求、适用范围等，层层递进，脉络清晰，便于梳理与记忆。

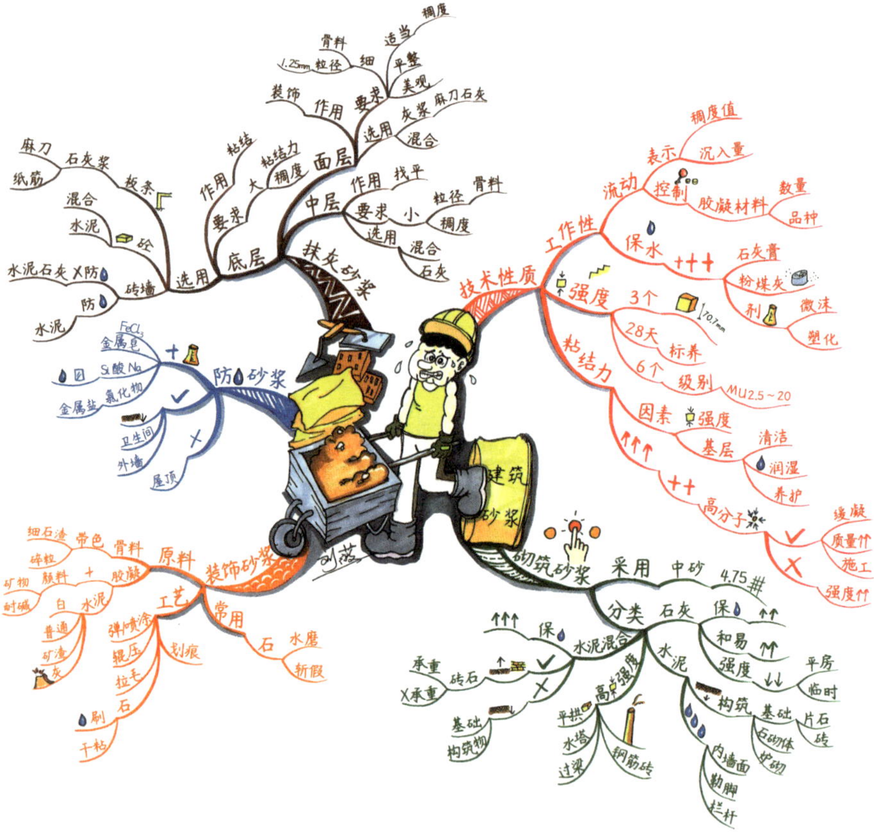

图 5.13　迷你图：建筑砂浆（绘图：刘薇）

古人云：温故而知新。复习本身是一个承上启下的过程。用思维导图绘制考试复习大纲就是对自己已学知识进行查漏补缺和总结归纳。更重要的一点就是，检验自己当下掌握该知识的程度。对于已经掌握了的知识，可以因此加深印象；对于尚未掌握的内容，可以因此进行巩固和提升，也可以为接下来学习新知识做好充足的准备。复习时多浏览几次自己画的思维导图，比努力背下一幅思维导图更加实用。很奇妙的一件事是，只要你自己平时经常浏览思维导图，在考试的时候，你的大脑就会不自觉地输出答案。

/// 案例7：毕业论文答辩 ///

无论是在大学读书，还是考研面试，我们都可能会经历几场答辩。在答辩现场，你需要站在台上独自展示出最佳的答辩状态，并承受来自评委老师提问的压力。论文答辩对个人的表达能力、应变能力和综合能力都是极大的挑战。成功的答辩演讲是自信和技巧的结合，扎实的专业知识和细致周到的答辩准备工作是成功的前提。要想在答辩中取得好成绩，就一定要对答辩的目的、程序、可能遇到的一些问题和解决方法进行深入剖析，做到胸有成竹。此时你需要用思维导图来整理关于答辩的技巧攻略，让它助你一臂之力。下面我就用一幅思维导图从论文答辩的基本流程、答辩准备和答辩现场三个方面来了解其核心内容。

基本流程

论文答辩的基本流程分为辩前、辩中和辩后三个阶段。辩前，也就是学生在答辩会举行前，将经过指导老师审定并签署过意见的毕业论文一式三份交给答辩委员会。辩中，也就是答辩现场，由答辩老师介绍答辩规则。学生概述论文的题目、研究方法、研究内容、发现与结论等。答辩老师针对论文进行提问。提问完后，有的学校规定可以让学生独立准备一段时间，再来当场作答；而有的学校不设准备时间，要求学生当场立即作答。辩后，也就是学生回答完所有问题后退场（如分组进行答辩，则待组里所有人答辩完成后清场休息），答辩委员会根据论文质量和答辩情况，商定是否通过，并统计成绩。之后，答辩委员会召回答辩学生，当场宣布答辩结果，进行小结；或之后宣布答辩结果。

答辩准备

1. 必备材料

一是要准备论文纸质版。自己手上必须有一份，可以不加封面，但是页码一定要与送交答辩秘书的论文一致，方便老师提问时自己查找相应页面。二是需要纸和笔。因为有些答辩老师提问较多，或者每个老师分别提问，学生最后一起回答，有纸笔就方便你在老师提问时记下题目，或在准备回答时简单做思路笔记。

2. 熟悉论文

参加论文答辩，必须对自己所写的论文有深刻、全面、准确的理解；要对论文内容有横向的把握，即理解从论文主题延伸出的概念；多多了解近期发生的与论文有关的新闻时事和学术热点。

3. 计时练习

一般答辩现场都对学生的陈述时间有限制。在正式答辩前一定要多计时演练几遍自己的陈述，学会控制时间。到时就会显得你对答辩内容的掌握和控制较为熟练，给答辩老师留一个好印象。否则，很可能你只讲了一半，时间就到了，结果很尴尬。

4. 做好 PPT

内容：每页不超过 10 行字或一幅图，只列举重点，避免写大段文字。

配色：力求文字清晰、简洁易懂，字体颜色要和背景形成鲜明反差，避免颜色过多。

图表：在答辩过程中适当穿插图表或类似图表的其他媒介，既能直观表达观点，也可以调节论文答辩会的气氛。

5. 想好台词

在答辩前要事先规划好自己在论文陈述时都要说什么。一般来讲应该涵盖这些方面。

（1）为什么选择这个题目；

（2）论文的写作目的是什么，为解决什么问题；

（3）全文的基本框架、结构、行文逻辑是什么；

（4）通过研究发现了什么；

（5）论文在选题、观点、方法等方面有什么创新之处；

（6）论文有什么不足之处。

陈述一定要概括、讲重点、有所总结，而不是一带而过。

答辩现场

1. 紧扣主题

对于答辩委员会成员来说，他们不可能对每一位学生的毕业论文内容有全面的了解，因此在整个论文答辩过程中能否围绕主题进行、能否最后扣题，非常重要。答辩老师一般容易就论文题目所涉及的问题进行提问，如果能自始至终地以论文题目为中心展开论述，就会使评委思维明朗，容易让他们对毕业论文给予肯定。

2. 演讲技巧

语速适中：一定要注意在论文答辩过程中的语速，要有急有缓，有轻有重。

目光移动：在答辩会上，由于听的时间过长，老师们难免会有分神的情况。这时，你的目光要很有礼貌地将他们的注意力“拉”回来，使老师们的思路跟着你走。

体态语辅助：适当的体态语运用会使你的论文答辩效果更好，特别是运用恰当的手势会显得你更自信、更有力。

人称使用：在毕业论文答辩过程中必然涉及人称使用的问题，建议尽量多地使用第一人称，如“我”“我们”等。

3. 论文答辩常见问题

（1）为什么选择这个课题；

（2）研究这个课题的意义和目的是什么；

（3）全文的基本框架、基本结构是如何安排的；

（4）全文各部分之间的逻辑关系是怎样的；

（5）在研究本课题的过程中，发现了哪些不同见解？对这些不同的意见，自己是怎样逐步认识的？又是如何处理的；

（6）论文虽未论及，但与其密切相关的问题还有哪些；

（7）在论文中，还有哪些问题没弄清楚，或者论述得不够透彻；

图 5.14　毕业论文答辩

（8）写作论文时立论的主要依据是什么。

运用一幅思维导图，就可以帮助我们弄清答辩前、中、后所有的核心要点和注意事项，让我们在论文答辩时能够审时度势，随机应变，挥洒自如地剖析、辩驳各种疑难，从而更加机智地适应瞬息万变的答辩现场。

/// 案例8：个人年度计划 ///

图 5.15 是唐娜用思维导图来构思的新年计划，分别从工作、

学习、财务、生活四个维度来进行思考绘制，全面科学地制订个人年度计划。

第一部分：工作计划。

这里涉及本职工作、个人成就和个人创业项目三方面的计划。

第二部分：学习计划。

（1）能力。

2019 年，能力提升主要聚焦两个方面：①细化沟通能力，优化谈判、演讲的技巧，从而获得更加优质的人际关系成果。②学习并熟练使用分析能力来提升工作质量，其中包括数据分析和客户心理分析。数据分析主要从竞争环境入手，分为对内部环境和外部环境的分析，这是之前自己不具备的能力，所以要强化这个部分的学习和使用。客户心理分析对标客户的年纪，主要聚焦 80 后、90 后、00 后的消费心理和消费习惯，为将来执行项目策划及方案推演做好充分的准备。

（2）读书。

2019 年电子书籍阅读的主要目的：提升自己的认知能力，掌握心理学知识，从而更好地优化自己全方位的个人能力。

（3）专项学习。

为匹配高效工作法的授课需要，将认真学习“麦肯锡工作法”的内容，通过在每天的实际工作中不断历练，来细化和精进课件内容；通过学习思维整理法，训练结构性思维的能力，来对授课方式进行系统的策划和执行，从而获得授课对象的认可。

第三部分：财务计划。

通过开源、节流的方式，让自己的财务情况保持健康：在保障自己主业稳定的情况下，开拓新的副业。“1”副业：为行业内有需要的公司或个人提供项目策划服务，费用收取标准与策划稿编辑深度有关，费用分为两个等级——2 000 元和 5 000 元。“2”副业：为本公司和行业内有需要的机构、团体进行思维导图高效工作法的培训。“3”副业：自营连锁餐饮店的管理和运营，计划收入为 1 万元 / 月。

节流项目主要围绕自己的不良消费习惯进行调整：①为避免过度购买个人衣物，浪费资金，最好的办法就是不在手机端下载淘宝、小红书；②扼制自己在各种国际一线品牌的打折季、海淘季冲动消费的想法；③收起自己的好奇心，不再无节制地采购各类低价且性能不成熟的电子类产品，比如生活小家电、电子易耗品、美容仪、拍照手机；④梳理自己全部的储值会员卡，不再出现重复储值、占用资金的情况，首先要杜绝的储值卡类型为美发卡、娱乐场所消费卡。

第四部分：生活计划。

2019 年的个人生活将有一个成果性的目标——提高自己的生活质量，成为自己喜欢的样子。其中分为三个板块：（1）健身成果的目标：在 2020 年 1 月之前拥有马甲线、蜜桃臀，以及两块直视可见的腹肌；（2）兴趣爱好的成果目标：参加 Salsa（萨尔萨舞）舞蹈班，精进社交类舞蹈技能，能够顺利通过考级；认真学习漫画及简笔画的绘画技巧；（3）家庭生活目标：全家旅行。目的地：泰国和澳大利亚。

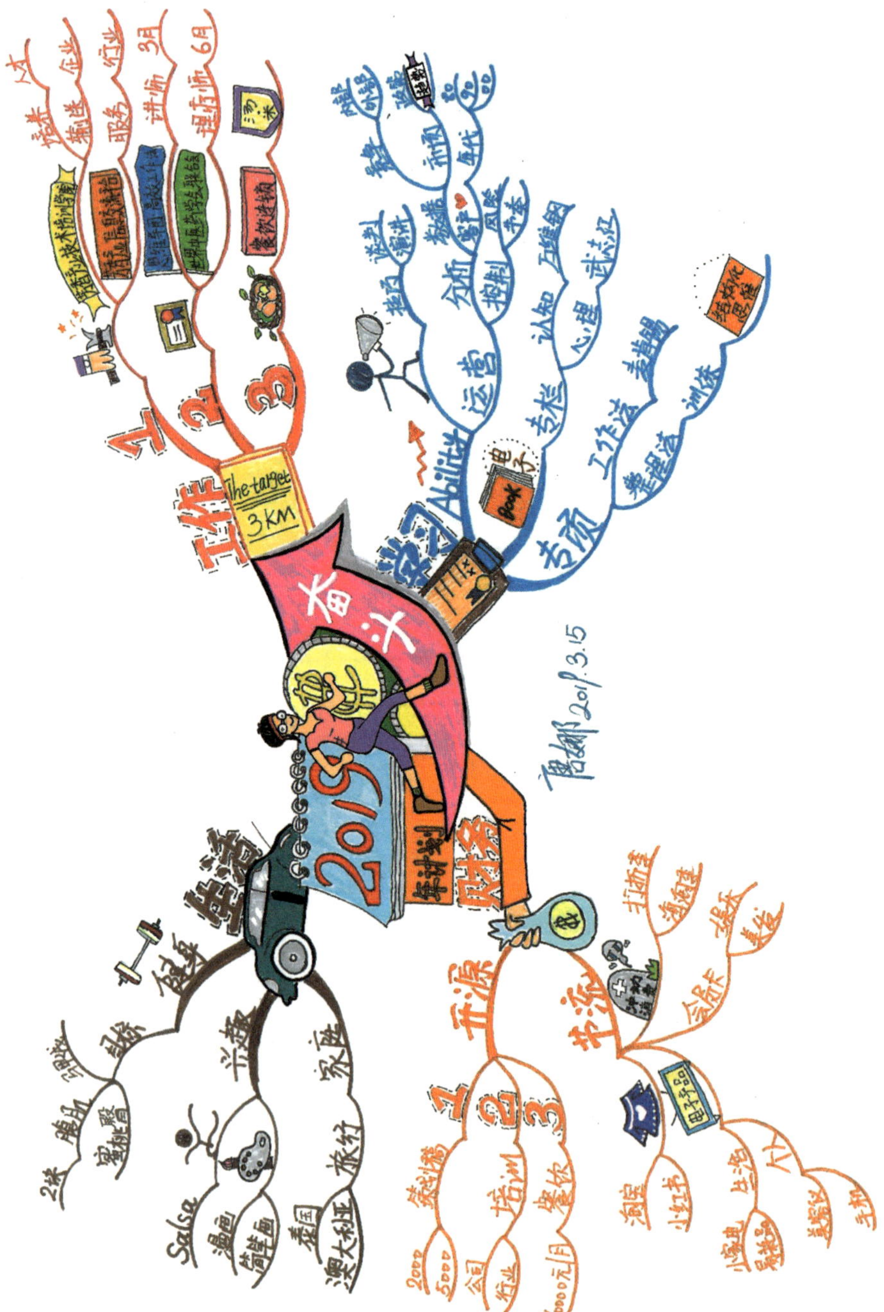

图 5.15 2019 年个人计划（绘图：唐娜）

后　记

/// 致敬思维导图发明人东尼·博赞先生 ///

2009 年，我担任了一幅巨型思维导图的主绘手。这幅图在 2009 年第 19 届世界脑力锦标赛期间被放大成 600 平方米的巨型思维导图，并被悬挂在广州的白云山上，向全世界的参赛选手进行展示。这是我与博赞先生结缘的起点。

2011 年，我第一次见到博赞教授，并拿着我的导图作品向他请教，那年我 23 岁。

2014 年 8 月，我远赴英国，在伦敦的亨利商学院向博赞先生学习思维导图，考取了中国大陆首位女性博赞思维导图全球授权认证导师。此后，我经常和博赞先生通过邮件和推特进行导图方面的交流。我会把一些我和我的学生们的导图作品定期发给他，让他给予相应的点评和指导。博赞先生回复消息总是很及时，并且每条消息都会留言给我，那时我真的非常感动。

2014—2016 年，在他的远程指导下，我的思维导图绘制和讲授能力得到了很大提升。我尤其记得一个细节，他非常喜欢图像和颜色居多的思维导图。他说，这样的导图不分国界，没有语言的障碍，无论你是英国人、法国人还是中国人，都能读得懂。所以他一直鼓励我多利用图像语言。

英国伦敦亨利商学院——刘艳老师成为中国大陆首位女性博赞思维导图全球授权认证导师

2016 年 10 月，他专门发邮件给我，鼓励我参加在新加坡举办的世界思维导图锦标赛。因为在这之前，博赞先生为我的第一本关于思维导图的著作写了推荐序，所以我也特别想借此机会去当面感谢他。于是，怀着对他的感激之情，我在 2016 年的 12 月 8 日专门飞到新加坡向他致谢，顺便参加比赛。我下了飞机便去见了恩师，并把当年暑假带领学生们绘制的 216 平方米的巨型思维导图的照片拿给他看，向他汇报了这些年我在思维导图教学方面所取得的一些成果。

随后，我便参加了世界思维导图锦标赛。比赛非常激烈，一天进行了三个项目的比赛，我在其中的快速阅读杂志画导图一项取得了非常高的分数，其他两项成绩也都刷新了纪录，而我每个比赛项目平均花费时间仅为半个小时。当博赞先生宣布“今年世界思维导图锦标赛的‘全球总冠军’是刘艳”的时候，我激动地流下了眼泪，这个奖项无疑是对我10年思维导图教学之路最好的肯定。还记得在整个比赛当天，他手里只拿了一个小苹果，他全天都在忙着判卷和点评，只吃了这一个苹果。

博赞先生亲自为刘艳老师颁发世界思维导图锦标赛“全球总冠军”证书（2016年，新加坡）

2017年，我不再以选手的身份参加比赛，而是作为中国队的思维导图总教练，培养优秀的参赛选手。同年，我的学生，年仅15岁的陈虹宇，获得了世界思维导图锦标赛“全球总冠军”。

在接下来的日子里，我依然坚持着用博赞教授的理论课程体

学生陈虹宇（15岁）荣获2017年的世界思维导图锦标赛“全球总冠军”

学生韦诗怡（6岁）荣获2017年世界思维导图锦标赛儿童组单项世界冠军 ▶

系在中国传播思维导图的绘制方法。2017年12月，他亲自为我颁发了“白天鹅同伴勋章”，表彰我在思维导图领域做出的突出贡献。

2017年12月—2018年12月，我先后3次作为中方讲师陪同博赞先生讲授“东尼·博赞思维导图授权认证讲师课程（TBLI）”，受到了他本人的高度赞誉与肯定。

刘艳老师陪伴博赞先生讲授思维导图中国弟子班课程 ◀（2018年6月）

刘艳老师陪伴博赞先生在中国讲授思维导图授权认证讲师课程（2018 年 12 月）▶

2018 年 12 月，博赞先生专门为我录制了推荐视频，并亲自授予我“Master Trainer”的殊荣，这也是他亲自授权认证的第一位中国的“Master Trainer”。其间，我把自己的新书稿子拿给他看，厚厚的一摞，他翻阅着里面的每一幅思维导图，他说，这才是他喜欢的思维导图，图文并茂、“一线一词”、以简驭繁。

博赞先生亲自授予刘艳老师“Master Trainer”的殊荣（2018 年 12 月，◀ 中国广州）

2019年4月13日，他静静地离开了我们。这之前，他还不辞辛苦地在世界各地传播和讲授思维导图理论。他还说，6月2日还要来中国过他77岁的生日。这一切来得有点儿突然，很多人都不愿意相信这是真的，他真的离开了我们。

回想这些年，博赞先生对我无私的帮助是我无法用文字描述的，每当回忆过去的点点滴滴，泪水就止不住地往下流。他不仅是我人生的榜样，更是一位精神守护神。每当我迷茫困惑时，他总是给我指明方向，让我在学习和传播思维导图的路上走得更加坚定。

今年的6月2日，是博赞先生的77岁生日，也是世界思维导图日。下面的这幅思维导图有着特殊的意义。2018年6月2日，也就是博赞先生生日当天，我为他亲手绘制了这幅为他庆生的全英文版思维导图。博赞先生在他的推特账号上向全世界的思维导图爱好者展示了这幅思维导图。

下面我为大家解析这幅导图，也让大家更好地了解博赞先生。

中心图。在2018年的世界思维导图日，博赞先生在中国广州与世界思维导图爱好者们共同庆贺自己76岁的生日。博赞教授之所以身着超人服装，是因为他正在完成一项卓越的任务——开启我们大脑的力量，向人类展示如何简单、有效地发掘和利用创造力。博赞教授的身后分别是中国广州的标志性建筑广州塔，昵称为“小蛮腰”，是中国第一高塔；以及思维导图发源地英国伦敦的标志性建筑“大本钟”，又称“伊丽莎白塔”。广州塔旁边是一条龙，因为龙是我们中国特有的一种文化的凝聚与积淀的象征，是中华优秀传统文化的象征。

大纲主干。整幅思维导图由 5 个部分组成，分别是基本信息、个人爱好、思维导图、主要成就、祝福金句。

第一部分：基本信息。这一部分由表示 76 岁的生日蛋糕和寿桃组成的图案来作为大纲主干，对博赞教授的基本信息进行延展。博赞教授出生于 1942 年 6 月 2 日，地点是英国伦敦，用“蛋壳”代表“出生”；博赞教授身兼数职，他是思维导图的发明人、畅销书作家、著名教育家和运动健将。2018 年 6 月 2 日，我们在中国广州举办世界思维导图节，并且为博赞教授庆贺生日。博赞教授在 1989 年创立了第一本致力于发表大脑和大脑功能相关研究的杂志——《*SYNAPSIA*》脑细胞杂志。

第二部分：个人爱好。博赞教授非常喜爱小动物，大纲主干上画了一只可爱的小鹿，小鹿长着像导图主干一样的犄角，手拿一幅卷轴在向大家介绍博赞教授的个人爱好。首先，博赞教授热衷于新鲜的美食，图像以“[illegible]”代表嘴里咀嚼着美食，用拟人化的勺子和叉子来当工具。他最爱的美食是龙虾、附带面酱和薄饼的北京烤鸭，以及牛排和鲍鱼。

其次是运动方面，托着小鹿下巴的手掌延伸出一支棒球棍，小鹿也在认真思考，为什么博赞教授会是一位体育健将。因为他酷爱运动。例如，游泳、合气道、划船、杂耍抛接球。这里要重点说说划船，博赞教授曾担任马洛划船俱乐部的心理韧性教练，后又帮助国家队备战 1992 年巴塞罗那奥运会和 2000 年悉尼奥运会。杂耍抛接球是我在英国向博赞学习思维导图时课堂上的一个小活动。博赞教授用杂耍的活动向我们细致地讲解了 TEFCAS 助记工具，它是一种基于科学方法的全新学习系统，T（Trial）代表尝试，E（Event）代表事件，F（Feedback）代表反馈，C（Check）代表检查，A（Adjust）代表调整，S（Success）代表成功。无论你跟随博赞到世界的哪个角落，你都会发现他每周运动 5 天，清晨或黄昏，不是在健身房，就是在游泳池或舞蹈房。只要他从国外归来，早上 6 点到 7 点他一定在划船俱乐部，要么用划船机器锻炼，要么泛舟泰晤士河，在一群天鹅中间划单人、双人或四人赛艇。

脑力方面，他喜欢国际象棋和围棋。

在大自然方面，用向日葵来表示，因为向日葵整体呈现的是一种放射状，体现了思维导图的放射性思维结构。博赞教授非常喜欢蝴蝶，在他的课堂上，他会要求学生们绘制各式各样美丽的蝴蝶。他还是一个善于观察、喜欢探索的人，从眼球中蹦出的博赞教授手持放大镜在认真观察着小昆虫，试图有新的发现。

第三部分：思维导图。博赞教授脚下的这幅思维导图之所以是蓝色的背景，是取地球的颜色，寓意全球性思维。导图的中央蹦出一个立体的最强大脑，它一手拿六色画笔，代表讲授思维导图的法则，Teaching 用图像字呈现。六色画笔的颜色正好和蝴蝶翅膀的颜色对应。蝴蝶的两个触角代表左脑和右脑的功能，体现左脑功能的要素是关键词、线条、结构；体现右脑功能的要素是中心图、图像、颜色。它的另一只手拿着工具，代表思维导图的应用领域，分别是工作、生活和学习。学习体现在听、说、读、写四个核心技能方面，全部用图像字呈现，使其更加生动、形象，便于记忆。

第四部分：主要成就。用金灿灿的奖杯直观展现。奖杯上长出绿色的枝叶，代表博赞教授的这些发明、成就、奖项就像大自然中的万物一样，生生不息，代代相传。他提倡创新思维，让人们意识到了自己可以创造无限的可能性。与此同时，他还创办了思维导图、快速阅读和快速记忆的锦标赛。尤其在记忆方面，他提出了“MIG 世界上最重要的图标”，让人们对信息摄入时记忆的工作原理有了一个更全面、彻底的认识。他还创办了大脑信托慈善协会，其目的是增强每个人释放并利用大脑的巨大能量的能力。一朵红花代表他获得的荣誉。2012 年在吉隆坡获得“布兰登桂冠奖（品牌桂冠）”。2013 年，墨西哥 MIQ 学院院长艾哈默德·阿里·汗博士向博赞教授颁发了“阿维森纳金奖”。博赞教授还获得过诺贝尔和平奖的个人提名。2016 年，在华盛顿被国际演讲协会授予著名的“金槌奖”。

第五部分：祝福金句。用礼物和爱心代表。这里有两个最为突出的金句。一是“Mental literacy”，原意是精神文化，在这里译为“思维开发”，旁边的地球代表全球化，即全球性思维开发。这也是博赞教授的使命。“Floreant dentritae”，寓意“脑细胞生生不息”。这些祝福乘坐着飞机抵达博赞教授 76 岁生日庆祝会的现场，在那里，全世界的导图爱好者们在共同为其庆生！

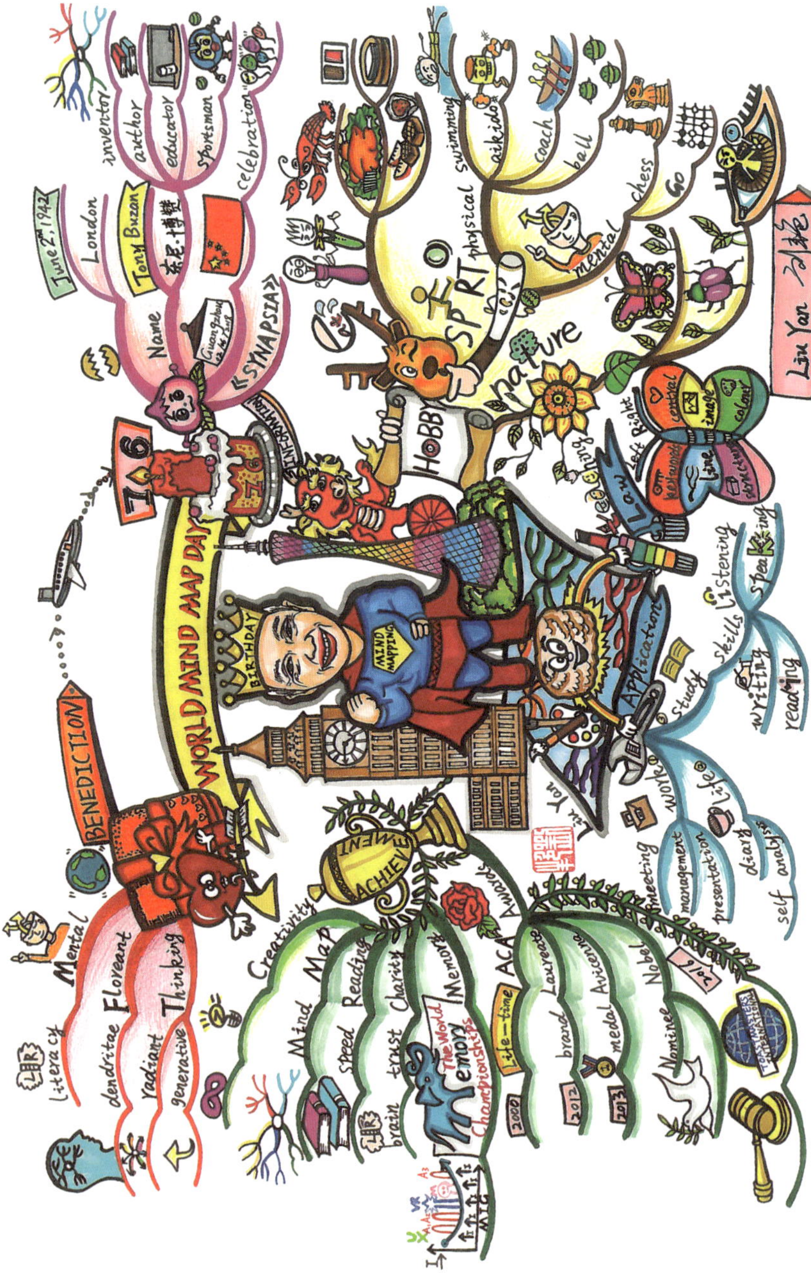
WORLD MIND MAP DAY
BIRTHDAY
MIND MAPPING
BENEDICTION
SYNAPSIA
Name
London
June 2nd, 1942
Tony Buzan
东尼·博赞
inventor
author
educator
sportsman
celebration
HOBBY
SPORT
physical
swimming
aikido
coach
ball
mental
chess
Go
nature
Liu Yan
刘艳
Law
Left Right
keywords
central
image
colour
line
structure
Application
study
skills
listening
speaking
writing
reading
work
life
meeting
management
presentation
diary
self analysis
ACHIEVEMENT
Creativity
Awards
Mind Map
Speed Reading
trust
brain
Charity
Memory
The World Memory Championships
ACA
Life-time
2000
Laureate
brand
2012
medal
Avicenna
2013
Nobel
Nominee
Mental
Literacy
dendritae
radiant
Thinking
generative

2018 年 6 月 2 日，刘艳为博赞先生亲手绘制的生日贺卡导图

博赞先生虽然离开了我们，但他的精神和他发明的思维导图工具将永远留存在世间和我们每一个人的心中，直到永远。

刘艳

2019 年 4 月

参考文献

1.［美］斯图尔特·戴蒙德．沃顿商学院最受欢迎的谈判课［M］．杨晓红，李升炜，王蕾，译．北京：中信出版社，2018．

2．［美］亚当·格兰特．沃顿商学院最受欢迎的思维课［M］．王非，译．卓海冰，校译．北京：中信出版社，2018．

3．［美］扬米·穆恩．哈佛商学院最受欢迎的营销课［M］．王旭，译．北京：中信出版社，2018．

4．［美］罗伯特·史蒂文·卡普兰．哈佛商学院最受欢迎的领导课［M］．蔡惠仔，译．北京：中信出版社，2018．

5．［英］东尼·博赞．思维导图［M］．卜煜婷，译．北京：化学工业出版社，2015．

6.［英］东尼·博赞．思维导图完整手册［M］.郭胜阳，译．北京：中信出版社，2018．

7．蒋巍巍．向上管理的艺术［M］．北京：人民邮电出版社，2018．

8.［英］爱德华·德博诺．六顶思考帽［M］．马睿，译．北京：中信出版社，2016．

9．邱昭良．复盘+［M］．北京：机械工业出版社，2018．

10.［美］芭芭拉·明托.金字塔原理［M］.汪洱，高愉，译.海口：南海出版社，2013.

11.叶敬秋，兰子君.国际注册培训师［M］.北京：清华大学出版社，2019.

12.［瑞士］亚历山大·奥斯特瓦德，［比利时］伊夫·皮尼厄.商业模式新生代［M］.黄涛，郁婧，译.北京：机械工业出版社，2016.

13.刘艳.你一学就会的思维导图［M］.北京：文化发展出版社，2017.

14.赵周.这样读书就够了［M］.北京：中信出版社，2017.

图书在版编目（CIP）数据

看完就用的思维导图 / 刘艳著. -- 北京：中信出版社，2019.7（2022.12 重印）
ISBN 978-7-5217-0592-8

Ⅰ.①看… Ⅱ.①刘… Ⅲ.①思维方法 Ⅳ.①B804

中国版本图书馆 CIP 数据核字（2019）第 093535 号

看完就用的思维导图

著　　者：刘艳
出版发行：中信出版集团股份有限公司
（北京市朝阳区惠新东街甲 4 号富盛大厦 2 座　邮编　100029）
承 印 者：北京利丰雅高长城印刷有限公司

开　　本：880mm × 1230mm　1/32　　印　　张：8.75　　字　　数：180 千字
版　　次：2019 年 7 月第 1 版　　印　　次：2022 年12月第 5 次印刷
书　　号：ISBN 978-7-5217-0592-8
定　　价：49.00 元